SHODENSHA
SHINSHO

人が知らない「新聞」の真実

敬介

祥伝社新書

まえがき

日本における新聞というものは、まったく奇妙な存在である。

新聞の役割とは、本来ただのメディア——すなわち、記事の発信者と記事の受け手とを結ぶだけの「媒体」であるはずなのだが、ここでは、何か特殊な文化空間が築《きず》かれているかのように見える。「目の前で起こったことや行なわれていることをありのままに報じる」という基本的な目的以外の部分が大きすぎるのだ。

「記者クラブ」「通信社」「報道規制」「商業主義」「偏向《へんこう》報道」「印象操作」「虚偽報道」「報道しない理由」……報道空間には、さまざまな問題が蔓延《はびこ》っている。

こういった問題に敏感になればなるほど、日本の新聞の正体が、ますますわからなくなってくる。これまで新聞に向けられた多くの疑念や批判は、ほとんどがこういった伝統的な新聞の姿に対する不安感や不満から生まれてきたにちがいない。

ところが、この疑念や批判に正面から答えられる人がいない。新聞の内部にもいないのである。ほとんどの現場の記者は、日々ある取材で手いっぱいであるし、経営者となれば、事業拡大のことしか考えない。もっとも、考えてみたところで、よくわからないというのが本音であろう。

では、なぜこんな複雑な事情になってしまったのか。それには、日本のジャーナリズムがたどった特殊な歴史を理解しなくてはならない。戦時中の大本営発表による報道、そして、戦後にGHQが行なった新聞政策の影響が、今もって根深く残っているのである。

私は、国会取材を中心に行なう新聞の記者である。やはり日常の業務に忙殺され、政治報道という業界にどっぷり浸《つ》かりながら、どこかで違和感を覚えるところもあった。それは、おそらく前職が、報道とも政治とも無関係な業種であったからかもしれない。

そんな折、祥伝社新書編集部から、日本の新聞を支配する奇妙な構造について一冊書いてほしいとの依頼を受けた。私は一瞬驚いた。なぜなら、新聞という世界は、そういった問題意識からもっとも遠い人たちの集まりであるからだ。もっといえば、自分たちの耳が痛いことは口にしない関係で結ばれている。その痛い話を現役の記者が包み隠さず書くというのが、この本の趣旨だった。

さらに、新聞など日本の報道メディアが瀕死《ひんし》の重傷を負《お》いながら、なお多くの国民が新聞を購読し、その内容にあるていどの信頼性をよせているのは、いったいどういうわけか。その理由も明らかにしてほしいというものだった。

これは、重要な問題である。人や組織が前に進むためには、まず根本問題のありかが明らかになっていなくてはならない。新聞もまた、とうにその段階にあることはいうまでもないであろう。インターネットの出現で、新聞やテレビの優位性はなくなるなどといった、表面的な分析では、不十分である。

思うところは包み隠さず書いたつもりである。目的が達せられたかどうかは、読者の皆さんの判断に委《ゆだ》ねたい。

宇田川敬介《うだがわけいすけ》

二〇一三年一月

目次——日本人が知らない「新聞」の真実

第一章　なぜ、日本の新聞は歪《ゆが》んでしまったのか

国会の取材記者として

多くの報道記者たちのように、私は、若いうちから新聞社に入ることを志していたわけではない。その頃は、メディアとは見るもの、または読むものであって、自分なりに批評したりツッコミを入れたりするのが好きな程度であった。メディアに関して何か特別な感情を持っていたわけではないのである。

麻布《あざぶ》高校時代に遊びすぎてしまった。卒業後は二年浪人し、中央大学に進学した。株式会社マイカルというスーパーマーケット業の企業に就職し、ごく一般的なサラリーマン時代を過ごした。しかし、そのマイカルは平成十三年に倒産。放り出された私は縁あって新聞社に入った。政治記者となった。

そんなこともあって、実は新聞社に籍を置きながらも、いつも自分自身がジャーナリストなのかということを自問自答している部分がある。それで、この文章を書いている。

私が所属している新聞社は、国会新聞社（正式な表記は「國會」と旧字である）といって、明治からある古い新聞である。一般の人はほとんど知らないであろう。対象読者は、国会議員とその周辺の人たちであり、国会内で配布されている業界紙といってよい。

一般の人がよく目を通す社会面や経済面はなく、政治面ばかりである。それも政局の話題はない。政策、とくに法案に関する解説と、その他に地方行政や国際関係の報道といったことが、おもな記事の内容となる。したがって、政治家のスキャンダルや疑獄《ぎごく》事件のたぐいも、そのことによって政策が左右されたり、国会期間に影響するということでなければ掲載しない。私をはじめ記者はほとんど国会内の「両院記者会」に詰めており、編集作業などもそこで行なうことが多い。

結局ここに、一〇年以上在籍している。それだけの年月、国会に出入りさせていただいていることになるが、はじめのうちは、何もわからず、失敗も多かった。ただ、国会でも二回の劇場型選挙があって、私よりもキャリアの少ない国会議員が増えた。いつの間《ま》にか、国会に出入りする議員・職員・記者たちの中でも中堅どころとなってしまった。

日々の仕事はこなせているのだが、どうしても消えないのが、私の頭の中にある「私は本当にジャーナリストなのか」という疑問である。周囲にいる大手新聞社の記者たちは、そもそも新聞報道というものに希望を持ち、それぞれの使命感を持って仕事をしているのであろう。このジャーナリズムとは、いったい何物なのか。この本を書きながら、もう一度自分に問いかけたいと思う。

とはいっても、大手新聞社の国会記者の場合は、本人の資質いかんにかかわらず、二、三年で配置換えになり、いなくなってしまう。たしかに何十年も同じところにいたら、堕落してしまうのかもしれないが、二、三年は短すぎる。これでは、議員たちと深い人間関係を作ることもなく、国会の「ウラ」や「周囲」、一般に報道されていないような背景を見ずに終わってしまっているのではないか。現状の問題点に対して、自分なりの考えを持つ余裕もないであろう。そのような体制で、ちゃんとした「報道」ができるのだろうか。誰が考えてみても疑問である。

私のように別の世界からやって来た人間もそうであるし、大手新聞社の二、三年でいなくなってしまう人々もそうであるが、いつの間にか政治報道の専門家は少なくなってしまっているように思う。

「批判精神こそジャーナリズム」

ひとことで「ジャーナリズム」と聞いて、皆さんはいったい何を思うのであろうか。何を隠そう、私もよくわかっていない。ちょっと重たいかもしれないが、日本の新聞の本質を見るためには、避けて通ることのできないテーマである。

何かわからないことがあれば、まず、辞書を引くというのがもっとも必要なことである。『世界大百科事典（第２版）』には、「日々に生起する社会的な事件や問題についてその様相と本質を速くまた深く公衆に伝える作業。また、その作業をおこなう表現媒体をさしていう」とある。

どうやらジャーナリズムの核となる意味は、「事件や問題の本質」を取材し、その内容を「深く」「公衆に伝える」ということらしい。そこから派生して、新聞、雑誌、テレビ、ラジオなどの報道などに携《たずさ》わる定期刊行物全般をさす意味になっていったということになる。要するに、定期刊行物というものは、「事件や問題の本質を深く公衆に伝えている」という前提で作られるのである。「嘘」や、浅い検証しかしていないような、誰でもわかるような内容は報道されないのが前提であるはずだ。

もちろん、事実の概要を置くこともなく、突然に深い本質の部分だけを報道するようなことはないだろう。まずは、事実を正確に伝え、その事実を踏まえた上で、そうなった背景や、問題が発生した環境などを説明する。そして、問題点をあげて、それをそのまま放置した場合に将来どういった大きな問題が生じるかなど、総括的に解説を行なうものが、ジャーナリズムにのっとった報道となるはずだ。

しかし、言葉の意味とは日々、都合よく変化するものだ。日本における「ジャーナリズム」の意味も歪《ゆが》んで伝えられている。

私たちの仕事では、権力者や為政者が行なう政策とその意図を正確に伝えなければならない。それが政治記者の本来の仕事であり、なかば扇情《せんじょう》的に「批判精神」に偏《かたよ》る報道を行なうことはジャーナリズムの本分ではないだろう。

しかし、日本のジャーナリストには、「批判精神こそジャーナリストの本分」という、理念を当然のものと考える人が少なくない。また報道メディアも、それをありがたがって利用しているのが現状である。

「批判精神こそジャーナリズム」と公言して憚《はばか》らない自称ジャーナリストもいる。これが、政治のジャーナリズムの場合となると、対案も解決策もなく、ただ政権批判や政府批判を行なうことだけが、「ジャーナリズム」であるというような風潮になっている。

その「批判精神」によって、政策の一部だけが異常にクローズアップされてしまうのである。これによって、政策の本筋がまったく見えなくなってしまう。

「批判精神」が過ぎて、ジャーナリストの主観が混じってしまうことで、報道各社の主観が組み入れられたり、自己の政治的なイデオロギーが差し挟まれたりして、公平とはいいがたい恣意《しい》的な編集が行なわれるのが、通常である。

これを「偏向《へんこう》報道」という。日本のジャーナリズムのように、「偏向報道」が過ぎた状態をさして、「イエロージャーナリズム」という。十九世紀のアメリカでも、こういった問題があって、それを風刺した人気漫画「イエローキッド」に由来する言葉である。決して日本人の報道スタイルを揶揄《やゆ》した言葉ではないことを明記しておく。

民主主義の基本が、国民主権とその国民による投票行動によって成り立つということを考えれば、国民に直接アプローチをするマスメディアやジャーナリストは、それなりの権力を持つことになる。不特定多数の集団（マス）に対して、直接情報を流入し働きかけるのであるから、主権者としての国民の意思がそれによって大きく動くことになるのである。優秀な政治家も、為政者も、その行政内容が主権者である国民に何も伝わらなかったり、間違って伝えられたりしては、正当に評価されないということになりかねない。

そのため「報道機関」は、社会的に非常に大きな力を持っており、「立法」「行政」「司法」の三権力にこれを加え、時に批判的な、また自嘲《じちょう》的な意味で「四大権力」といわれるほどだ。報道は、「表現の自由」に基づくとされる「報道の自由」や「知る権利」に支えられている。しかしその反面、「客観報道の原則」を守らなければならないのはいうまでもない。

戦後最悪の「偏向報道」によって生まれた短命政権

ついに、この「第四の権力者」である報道機関が「偏向報道」を行なうことによって、実際の政治を左右するという事態が起きるに至った。問題の重大さに比較して大きく取りあげられなかったから、もはや忘れ去られようとしているのだが、日本でもそのような負の歴史があった。しかも、ごく最近のことだ。「椿《つばき》事件」である。

「椿事件」とは、平成五年七月十八日、第四十回衆議院議員総選挙の選挙報道において、放送法違反を疑われたテレビ朝日の取締役報道局長(当時)椿貞良《さだよし》の名による。

選挙後の九月二十一日、民間放送連盟の放送番組調査会の会合が開かれた。椿貞良は、その中で選挙時の局の報道姿勢に関して証言しているが、その内容は、衝撃的なものであった。

「小沢一郎《おざわいちろう》氏のけじめをことさらに追及する必要はない。今は自民党政権の存続を絶対に阻止して、なんでもよいから反自民の連立政権を成立させる手助けになるような報道をしようではないか」

「梶山《かじやま》（静六《せいろく》・当時の自民党幹事長）と佐藤《さとう》（孝行《こうこう》・当時の自民党総務会長）は悪人面《あくにんづら》で国民受けが悪いから（自民党のイメージを落とすために）二人をなるべく多く（テレビの画面に）出した」

結果として、テレビ朝日報道局がしかけた「偏向報道」の影響は大きく政権に作用した。ちょうど同じ年に小沢一郎、渡部恒三《わたなべこうぞう》、羽田孜《はたつとむ》など、旧竹下派経世会《けいせいかい》の中心的人物が大挙して自民党を離れ、細川護熙《ほそかわもりひろ》を頭にすえて日本新党連立内閣を成立させる。自民党が「五五年体制」以降はじめて下野するに至ったのである。

しかし、不幸なことに、この細川内閣の特徴は、「偏向報道」と「批判精神」から生まれたということだけでなく、脆弱《ぜいじやく》な連立内閣であった。そのために、与党内部での調整があまりにも煩雑《はんざつ》であった。その上、実質的に陰で指揮を執《と》った小沢一郎が内閣に入らなかったことで、さまざまな歪みを生んだ。選挙制度改革やコメ問題などに対応していた一方で、国民福祉税構想の頓挫《とんざ》など、与党内での調整がうまくいかない点が目立った。

政権内調整の煩雑さ、主導権の不在、そして、細川護熙本人の金銭スキャンダルの疑惑などによって、この内閣は一年持たず、在任期間二六三日間、翌年四月には総辞職している。

細川内閣が総辞職して、羽田孜内閣がやはり「批判精神」の結晶として跡を継ぐが、これは、首班指名直後に日本社会党が政権から離脱するなど、成立当初から少数内閣となった。内閣不信任決議が衆議院に提出されて、自民党などに社会党を加えた賛成多数で可決される見込みとなり、予算成立直後、自発的に内閣総辞職を行なわざるを得なかった。

羽田内閣の在任期間六四日間は、東久邇宮稔彦王《ひがしくにのみやなるひこおう》内閣に次ぐ、戦後二番目の短命内閣という不名誉な記録まで背負うことになったのである。

「批判精神」という無責任

そもそも「批判」とは、誰かが作り上げたものに対して、検討を加え、評価・判定することである。必ずしも、そこから先に何かを作り上げたり、対案を出したりする機能までが含まれているわけではないと見るべきだろう。

多くの場合、「言いっぱなしの無責任」でしかない。そのような「批判」から生まれた政党には、基本的にゼロから作り上げる政策立案能力を期待できないのである。現状否定をするだけで、ムードだけで政権を握った結果がこのように表われている。

「批判精神」で報道したジャーナリストたちにしてみれば、「ペンの力で政権を倒した」などと、自分たちのことを「下剋上《げこくじょう》を実現した英雄」のように錯覚しているかもしれない。しかし、ただ「批判」だけで、政策もなく政権についていた期間、失われた時間は二度と国民の手には戻らない。

これが、やはり「政権交替選挙」で政権を奪取した民主党政権の真の姿であり、民主党政権三年間の政権前から、政治はまったく前に進んでいない。国民が望んだ「政権交替」は、「政権後退」となってしまった。しかし、こういう状態になっていたであろうことは、政権が始まる前から予想された。平成五年の例と同じだからである。

政治は、国民生活に密接に関係するものであり、国の進むべき方向を示すものである。ゆえに政治家は、将来の日本の進むべき方向で話をすべきであり、そのためには、現状の問題点の分析がいかに正確にでき、それを正しい方向に改正する能力があるかという点で争われるべきである。

また、ジャーナリストたちも、「批判精神」の魔物に踊らされることなく、真実を報道することが求められる。それは単に批判するだけではなく、その批判を行なうことによって発生する結果に責任を持たなければならないということに他ならない。

「椿事件」の功罪を考えるとき、たしかに五五年体制は終わったかもしれないが、細川内閣二六三日と羽田内閣六四日の合計三二七日間、国民のかけがえのない時間をムダにした罪がもっとも重い。国民主権の国家であるならば、なおさらのことである。その罪は、政権本体をもてあそんだというよりは、主権者である国民をもてあそんだことにある。

それでは、なぜ「イエロージャーナリズム」などと揶揄されながらも、相変わらず「批判精神」を正義の剣《つるぎ》として振るいつづけるのか。「批判精神こそジャーナリズム」といいながら、扇情的な報道を許しつづけるのか。

そのことを、批判と反権力の歴史を交えながら見てみよう。「批判」から生まれる「反権力」の本質には、「反対することに意義を持つ」ところが多分に存在する。

失われていく新聞の信用

「批判精神こそジャーナリズム」という言葉の虚妄《きよもう》について話したが、すべてのジャーナリストや記者たちがそのように思っているわけではない。しかし、読者や視聴者から見れば、ジャーナリズムは以前にもまして信頼のできるものではなくなった、そんな認識がたしかに存在するのである。

平成二十四年十一月二十六日に公益財団法人の新聞通信調査会が発表した九月実施の「メディアに関する全国世論調査」で、新聞、テレビ、ラジオ、インターネットに対する情報信頼度が調査以来最低の数字となった。メディアの情報を「全面的に信頼している」場合を一〇〇点として新聞は六八・九点。調査以来、初の六〇点台となった。前年度の調査に比べて三・九ポイントも下げた。新聞に対する情報の信頼性が落ちてきているのは、明らかだ。

ここで、改めていっておくと、この調査はメディアに対する信頼性を評価するものである。紙媒体はいずれ電子媒体に取ってかわられるだろうというような、メディアの将来性を評価しているのではない。方式の問題だけでなく、内容の問題だから、より深刻だ。紙の新聞をインターネット新聞に置きかえたからといって、どうにかなる問題ではないのである。

同じ調査の中で、政治報道の調査では、より悲惨な結果になってくる。

「新聞は政治や社会の不正を追及している」という意見に対して同意した人の割合は、全世代で四二パーセントであるが、二〇歳代では二九・八パーセントしかいない。

記事の内容に関しても、「ある新聞が政権に対して批判的な記事を載せると、他の新聞もそれに追随する傾向がある」という意見に対しては、同意する人が三八パーセントもあり、批判記事の横並び、その結果としてのスクープの不在などを問題視している人は多かった。

また、今まで「批判精神こそジャーナリズム」の方針でやってはきたものの、「新聞は政府を監視する役割を果たしている」について、全世代の読者が同様に考えているわけではなかった。三〇歳代以下では否定層が多く、四〇歳代以上では年代が上がれば上がるほど肯定層の割合が高くなり、否定層との差が大きくなっていく。「批判精神こそジャーナリズム」と思っているのは、団塊の世代とその周辺でしかないという現実が明らかになっているのである。

直近のアンケートでこのような結果が出たことは非常に興味深い。まさに、現在のジャーナリズムが考えている内容と、とくに若い読者が考えている内容とがまさに異なることが顕著に現われているのではないか。つまり、戦後のジャーナリズムは、しだいに受けいれられなくなってきているということだ。なぜ、こんなことになってしまったのか。

なぜ、日本の新聞は発達したか

日本のジャーナリズムは、新聞から始まった。

ご存じのとおり、江戸時代には「かわら版」という情報紙があったが、その内容はほとんどがひとつの事件を挿絵つきで案内しているものであり、そして、ほとんどが凶悪犯罪や社会的事件、あるいは文化的な記事などに限られていた。

社会的事件に関しては、批判精神も何もない。当時は、事実を面白おかしく多少誇張して書けばよかったのである。話題の社会事件を当時流行していた歌舞伎や演劇などの手法で文字に起こせば、それで一枚の「かわら版」が出来上がっていたということになる。

しかし「かわら版」というものは、どうしても事件報道が中心になるので、定期刊行物ではなく、事件があったときにのみ発行される。誰もが見過ごしている問題意識を掘り起こすということもなかった。今でいう「号外」のような感覚で発行されていたのである。

このような「かわら版」の集大成から、現在のような新聞紙の形が出来上がるのは、開国後のことである。ペリー来航以来、めまぐるしく変わる社会情勢や、殺伐《さつばつ》とした世相、尊皇攘夷《そんのうじょうい》の流れ、それに対抗する幕府側の動きなどを記した内容を報道するため、定期刊行化されるようになる。

「かわら版」は、一八六一年の「ナガサキ・シッピング・リスト・アンド・アドバタイザー」から新聞になった。しかし、これは英字であった。

翌年には、オランダ語の海外新聞を日本語に翻訳した「官板《かんぱん》バタビヤ新聞」が発行される。これは、「官板」というとおり、幕府の手による官製であった。その後、日本語の民間新聞があとに続く。

江戸時代では、新聞などの世相は、上の者を批判してはならないという暗黙の了解があった。時代劇などを見るとそのように感じないのであるが、江戸時代には、士農工商という身分制度がしっかりと機能しており、武士の社会や武士の行なった政治に関して、批判はもちろん、風刺などもできなかった。ましてや、その武士の棟梁である将軍はもちろん、彼を任命する貴族や皇室に対しての無礼は許されない。そのために「かわら版」は今でいう社会面ばかりであった。

その新聞が、明治時代に入って大きく変わることになる。明治維新後、四民平等で社会は一変し、政治を行なっている武士の特権がなくなったのである。このことによって、事件などばかりではなく、政治のネタも扱えるようになった。明治新政府への直接的な批判などはかなり難しかったと予想されるが、文明開化の名のもとに、さまざまな改革が行なわれる中で、新政府の側でも、その改革の内容をいち早く民衆に知らしめなければならなかった。

つまりは、支配者が武士や藩主から明治天皇もしくは国家公務員、県令などに代わったこと、富国強兵を実現するために国民が皆《かい》兵役を行なうこと、殖産《しょくさん》興業のために富岡製糸工場に代表されるような工場に働き手を募集すること、などである。そもそものところでは、そういったさまざまな情報の告知のために、立て札などではなく、新聞など民間の発行物の利点を最大限に用いたのだった。

明治政府は、新聞を積極的に保護する政策を取った。そこで、日本各地に無料の「新聞縦覧所」や新聞を人々に読み聞かせる「新聞解話会」を設置したり、新聞を公費で買い上げたり、郵便で優遇したりして各新聞社を支援していたのである。このように、明治維新を機《き》として、文明開化と国民の啓蒙のために政府の保護を受けた新聞ができ、そして急速に普及した。

自由民権運動がさらに新聞を根づかせる

しかし、そのすべてが必ずしも政府の御用新聞ばかりではなかった。明治六年から社会を巻きこんだ自由民権運動の影響である。

ここで自由民権運動の詳しい経緯を書くことは控えるが、簡単にいえば、明治天皇による「五箇《か》条の御誓文《せいもん》」の中に「広ク会議ヲ興《オコ》シ、万機《バンキ》公論ニ決スベシ」とあったところから始まる。これを受けて、征韓論《せいかんろん》で敗れた板垣退助《いたがきたいすけ》らが、愛国公党を結成して、国民議会の設立建白書《けんぱくしょ》を提出したのである。

それまでは、征韓論が不平士族のよりどころの役目を果たし、反政府運動の中心的な存在となっていたが、佐賀の乱、そして西郷隆盛《さいごうたかもり》による西南《せいなん》戦争の敗北によって、武力による政府への抵抗ではなく、自由民権運動による反政府運動が活発化した。

この動きにいち早く便乗したのが、新聞だった。それまでは、どうしても古い身分制度が尾を引いていたが、かつて政府の中枢にいた人たちが自由と民権を掲げて反政府運動をしているのを見て、民衆や言論人たちは勇気づけられた。その精神にのっとった社会風刺、または支配階級に対して言論による抵抗を行なうようになってきたのである。

こういった流れが民衆レベルに下りてきた例のひとつが、川上音二郎《かわかみおとじろう》一座によるオッペケペー節だろう。自由民権思想と社会批判を歌詞に織りこんだ風刺歌謡として世間を沸かせ、そのことが各新聞紙面に大きく書かれたのである。

「権利幸福嫌ひな人に、自由湯をば飲ましたい、オツぺケペーオツぺケペツポーペツポーポー、固い上下の角《かど》取れて、マンテルズボンに人力車、意気な束髪《そくはつ》ボンネット、貴女に紳士のいでたちで、うはべの飾りは好《よ》いけれど、政治の思想が欠乏だ、天地の真理が分らない、心に自由の種を蒔《ま》け、オツぺケペーオツぺケペツポーペツポーポー」という歌詞だった。その公演会場では、政府批判が過ぎればすぐ停止させるために警官が常駐するなか、ぎりぎりのところで行なわれていたという。

自由民権運動が盛り上がるにつれ、政府は政治報道の弾圧に乗り出す。時代は前後するが、明治八年には、板垣退助ら愛国公党による政府批判を掲載することに関して、「新聞紙条例」「讒謗律《ざんぼうりつ》」を制定することで、新聞の言論を弾圧したのである。

それでも、自由民権運動の流れは止《や》まなかった。運動の勢いは、地租《ちそ》改正を掲げることで、農村部にも広がった。農民の参加によって、運動はもはや全国民が共有するものとなっていく。それには、新聞という、広域のメディアが果たした役割は大きかった。

明治十四年、政府はついに国会開設の必要性を認めた。天皇が一〇年後の国会開設を約した「国会開設の勅諭《ちよくゆ》」である。これによって国会開設のスケジュールが具体的になった。実は、政府は一〇年もたてばこの運動も収まるだろうと考えていたという。しかし、新聞という「紙で残るもの」の影響力は非常に大きく、結局、政府は国会を開設させられるのである。

まさに、日本の新聞が、新聞紙という形になってからわずか二〇年余で、国家政府を動かすほどの言論の力を持つまでに至ったといってよい。今日も、政治家や政府関係者たちが、新聞の力を重んじるのには、こういった歴史があるからだろう。

政治ネタと文化面

このように書くと、新聞というものは、完全に政府批判の道具としか思われないかもしれない。しかし、当時の新聞を見てみると、まったくそのようなことはない。当時から現在の新聞と同様の編集構成が行なわれ、「生活情報」を中心とした文化面や地域情報、広告なども豊富に載せられている。経済情報や国際情報はさすがに少ないが、ちょうど現在の地域新聞のような感じである。

定期刊行ゆえの「継続して購読してもらうため」の工夫として、たとえば一コマ漫画や連載小説が、すでにこの時代に登場していた。一コマ漫画として描かれた風刺画の名作が今も残されている。また、夏目漱石《なつめそうせき》の『それから』『こゝろ』『明暗』といった代表作は、「朝日新聞」の連載小説だった。正岡子規《まさおかしき》は、司馬遼太郎《しばりようたろう》の『坂の上の雲』でも知られるとおり、陸羯南《くがかつなん》が発行した新聞「日本」の紙上に、俳句と俳句の評論を掲載し、俳句中《ちゆう》興《こう》の祖となった。

このように、決して難しい政治などの話題ばかりではなく、生活情報や文化面、または連載小説などの充実によって、新聞の購読数は増えていった。そして、購読数が増えることで、さまざまな情報が集まるという好循環になっていったのである。

もちろん、たくさん読まれている新聞の「一面」——もっとも目立つところには、政府批判に近いネタが掲載されていることが多かったのは、いうまでもない。これによって新聞は、政府や政治の世界、言論界などに対して、さまざまな影響力を持つようになってきたのである。

草創期の日本の新聞は、さまざまな情報を掲載する「情報紙」であり、また、反政府情報や社会の動きをしっかりと伝える「ジャーナリズム」であった。

政府系新聞と反政府系新聞

では、日本の新聞など既存メディアは、いつの間に「国民から信用されないメディア」になってしまったのか。それには、もう少し歴史を追っていきたい。なにしろ、ここまでの歴史を見るかぎり、自由民権運動による反政府的な言論空間以外、とくに「批判精神こそジャーナリズム」などというような風潮は存在しないように思われるからである。

こうした状態が一変する事態が起こった。そのキッカケとなったのは、明治二十三年に日本の新聞界にはじめて「記者クラブ」が発足したことであろう。

この年、国民悲願の第一回帝国議会が開催されたが、議会側は「新聞記者取材禁止」の方針を打ち出す。議会側、政府側とすれば、議会内における民権運動の動きを封じこめたいという意図があった。

当時の帝国議会は、貴族院と衆議院に分かれていた。貴族院は、参議院の前身だが、今と違って衆議院より上の立場にあり、両院の扱いの差に不満の声が起こった。この問題をめぐって、議場の会話が筒抜けとなり、外で騒がれることを懸念《けねん》したのである。

この封じこめに対して、「時事新報」の記者が中心となって団結し、「議会出入記者団」

という組織を結成する。これは、国会という制限される場所の中で、取材組織の互助会のような役割を果たした。取材用の傍聴席を確保したり、議事内容を記録する作業で協力し合ったりしたのである。十月には、全国の新聞社が合流し、名称を「共同新聞記者倶楽部」と改めた。多くの記者たちが国会の中を取材できるようになったのだ。

ここで、私の属する国会新聞社について、もう少し触れたい。

国会新聞社は、明治十四年の「国会開設の勅諭」を機にして、政府が国会開設の進展状況を知らせることを目的とし、政府側主導で設立された新聞社である。国会開設後は、大日本帝国憲法の草案などを報道していた。

以後、「国会新聞」は、国会内の情報を一般に知らしめる媒体として、政府側の情報紙として存在した。GHQによる処分を受けるまでは、現在の大手新聞のようにして読まれていた新聞なのである。正岡子規が「日本」の社員になりたいと、陸羯南を訪ねたとき、彼は、「もっと大手のしっかりとした新聞社に入ったほうがよい」といって、「朝日新聞」とともに、「国会新聞」を推薦したほどだった。

「共同新聞記者倶楽部」は、一般紙、それも自由民権運動を後押しした新聞の記者クラブであった。これに対し、国会新聞などは、政府側の広報紙としての機能を持っていたために、「共同新聞記者倶楽部」に属さず、これとは別に「両院記者会」という記者クラブを作ったのである。「両院記者会」に属する新聞社は、政府系であったことで、衆議院だけでなく、貴族院の中にも入って取材することができた。

終戦直後、それまでの政府系新聞社は、「軍国主義を復活させるおそれがある」と決めつけられ、徹底的に組織解体が行なわれた。昭和二十六年になって、やっと独立するのであるが、「悪しき戦前」に設立された政府系、保守系媒体というレッテルを貼られてしまったことで、規模の拡大ができなかった。国会新聞社は、現在も「両院記者会」に所属して、ちゃんと存在している。この記者クラブの現状については、第二章で説明したい。

戦争を前にして、どのような論調の対立があったのか

さて、もうひとつ日本の新聞に関して非常に大きな事件があった。日清戦争と日露戦争の二つの戦争である。新聞の論調は、このときも大きく二つに分かれた。

ひとつは、「国会新聞」や「朝日新聞」のように、戦争を推進し日本を豊かにするとい

うことを是認する論調である。基本的に、政府系の機関紙であれば、当然に政府の考え方を正しく伝えるという報道形式となる。戦争の必要性を論じ、そのための予算、そして国民の協力がいかに必要かということなどを主張することになる。

三国干渉を知った国民が暴動を起こそうとするのを諫《いさ》め、「臥薪嘗胆《がしんしょうたん》」を合言葉に一〇年間の富国強兵に努めようと論じたのは、まさに政府系の新聞なのである。

もちろん、これが「偏向報道」とはまったく異なる性質のものであることを理解すべきだろう。各新聞が揃って「大本営発表」を報じたのは、ずっと後のことである。当時は、事実に基づいた報道を行なうのが普通で、それが、政府側のものか、自由民権運動側のものかという、見方の違いがあっただけだった。一方が正しく、もう一方が間違っているのではない。

政府系の新聞に対して、もうひとつは、自由民権運動を支持する反政府系新聞の論調である。これらは、当然に戦争反対や平和を主題にした記事を展開するようになる。有名な与謝野晶子《よさのあきこ》の『君死にたまふことなかれ』などは、まさに反政府の宣伝物のひとつとして利用された。この頃から、自由民権運動側の新聞は、ほとんどが、「権利意識」「平和」という論点から、記事を書くようになる。

なお、現在の報道姿勢からは信じられないかもしれないが、当時の「朝日新聞」は政府系の新聞に含まれていた。いまだに使われている、あの社旗が「旭日旗《きょくじつ》」を模《も》したものであるのは、れっきとした事実である。戦後、ＧＨＱの処分をまぬがれるために、一八〇度姿勢を変え、「反政府新聞」として生まれ変わったのだった。

政府系と反政府系、両者の間では、日露戦争の開戦時に戦艦三笠《みかさ》などの購入費用をどのように調達するのかということ、そうした予算と国民の社会福祉など生活権との兼ね合いをどのように図るのかということ、国会による予算の決定をどのように進めるかということなどが、対立軸となっていった。そして、もうひとつ重要な対立軸として、戦死者をどうとらえるかということもあった。つまりは、彼らを英雄としてとらえるか、悲惨な犠牲者としてとらえるかの対立だ。とくに「二〇三高地」での被害が拡大すると、身近な問題としてこの対立は大きく扱われる。

しかし、反政府系とはいっても、その論調はあくまでも政権の方針に対する批判なのであって、現在の新聞のようにアレルギー的な軍事論の拒否ではなかった。戦争に負けてもよいというような論調では決してないのである。そのため、「日本海海戦」の勝利では、すべての新聞が「日本国万歳」と報じている。

新聞に保守とリベラルがあるのは、なぜか

要するに、政府系新聞と反政府系新聞は、その役割だけが異なるということだ。

もし、あの時代に、ＴＰＰ（環太平洋パートナーシップ協定）の問題が報道されていたとしたら、どうなっていただろうか。政府が、「ＴＰＰに前向きだ」と宣言すれば、政府系新聞は「ＴＰＰ締結へ前進」と報じ、反政府系新聞は「ＴＰＰの抱える深い闇」と投げかけたであろう。今度は政府が交代して、「ＴＰＰはもう一度問題点を洗い出し、十分に検討したい」とトーンが下がれば、政府系新聞は「ＴＰＰ棚上げか」と受け、反政府系新聞は「ＴＰＰ拒否で、国際的孤立へ」と論調を変えたにちがいない。

国民の立場からすれば、各新聞の目線がはっきりしているので、わかりやすい。両方を読み比べて、最適の選択を見つければいい。どちらの意見を支持すれば、日本という国家にとって有利なのか。そのことを判断するための材料として、新聞は機能している。

ところが、今の新聞なら、どう報じるだろうか。「日米関係の強化を最優先すべき」とか、「アメリカに用心しろ」などといった論点になるのではないだろうか。つまりは、「アメリカと組むべきか、中国と組むべきか」というような、まるで外国からのものの見方や価値観を前提にしたような報道になる。

基本はあくまでも、「日本のためには、どうすべきか」であるはずだ。

新聞の「大義」とは、いったい何なのか。それは、わが国家や世界といった大きな存在に対して犠牲をはらうことに他ならない。わが国家と世界の安定と平和を求めることが、「大義」——もっとも大きな目的である。アメリカや中国の立場に配慮するのけ、外交上にある手練手管《てれんてくだ》の次元の話であって、新聞が、「アメリカに配慮しろ」「中国に配慮しろ」と叫ぶのは、場違いもはなはだしい。

ただ、新聞記者個人にも、それぞれのスタンスや主義・主張、イデオロギーのようなものがあって当然である。彼もまた、ひとりの人間であり、一国民なのだから、その選択は自由である。選挙があれば、どこかの党に投票するわけである。記者だけでなく、編集者も、各委員も、主筆も、社主も同じことだ。

本来ある日本の報道の立場では、そういったイデオロギー面が抑えられ、できるだけ「客観的」な報道をするのが正常と見られているわけだが、一〇〇パーセント、無味無臭の中立を保つことはできない。記事の端々や編集作業の意図の中に、そういったものはにじみ出てくる。のちに詳しく述べるが、紙面に「社説」という枠があって、ここでは新聞の主義・主張を述べられる。こうして、新聞社には、似たような思考の持ち主が集まってくるだろう。

新聞記者の根本となるイデオロギーは、一般に「保守」と「リベラル」に大別され、保守の中にも「本来の保守」と「戦後保守」という二通りがあって、両者は多少異なる。「戦後保守」とは、とくに戦後の秩序や枠組について、大切に維持してゆこうという考え方である。まさに「民主主義」「世界平和主義」、そして「象徴天皇制」の維持を切望している。「本来の保守」との大きな違いは、「民主主義」と「象徴天皇制」が加わり、それから、日米関係を前提とする安全保障の現状を維持していこうという点であろう。伝統や文化を重んじるところは同じでも、その出発点が「戦後」を基準としている。

そもそも「保守」に、その定義は存在しない。あえていえば、「そこに存在するものを守る」ということであり、伝統や文化、言い伝え、慣習、制度など、ありとあらゆるものを守るのが保守である。

もちろん、ありとあらゆるものを守るといっても、徐々に変わってゆく日本の姿そのものを否定するわけではない。たとえば、天皇陛下の平時の服装が平安時代からの装束でなかったからといって、そのことを批判するような「保守」はいないであろう。しかし、儀式やそれにともなった行為の間では、伝統にならった服装や作法を守ってほしいと考えるのが、「保守」である。このように変化を受けいれながら、ありのままを守ることが「保守」なのである。

この本を読んでいる皆さんも、おそらく毎日の生活の一挙手一投足《いっきょしゅいっとうそく》が、合理的でなおかつ理論的だという人は少ないであろう。たまに例外はあっても、昨日と同じように、今日も考え、行動している。これは、もう立派な「保守」である。「変える」ことについては理由が必要であるが、「変えない」ことについては、理由を求められても答えようがない。ところが、何かにつけて「理由づけ」を求めてくるのが、「リベラル」である。

大手の新聞で、純粋な「保守」を貫いているところはない。一方で、そのほとんどが

「リベラル」を標榜しているのである。

その「リベラル」とは、「自由主義」のことである。ある意味で、個人主義的な意味合いも強くなる。合理的であり、理論的にもなる。「リベラル」を標榜する新聞は、だいたいが「権利」と「人権」を前面に打ち出して、「こうあるべき」といった論を展開する。

実際にいっていることは立派であるが、そのような「建前」だけで世の中が動いているわけではない。むしろ現状を肯定する「保守」のほうが、現実路線に従っているといえるのであるが、現状をよく知らない読者や、「建前」の論点から「かわいそう」などと感情的に反応する読者に対しては、もっとも有効な論理展開を行なえているのが、この「リベラル」である。だからこそ、大手新聞は、「リベラル」を旗印にして、部数を拡大してきたのだろう。

そして彼らは、「保守」に対して「合理的でない」「理論的でない」などという論調を展開し、政治学的に「リベラル」の対義語となる「権威主義」の象徴として、「保守」を貶《おとし》めようとしている。さらに、カネによる権威主義を否定する立場として、現代政治の中の「金権政治」を批判する勢力になっていくのである。あたかも「金権＝保守」とでもいわんばかりに。

ここから個人的な見方になるが、日本のジャーナリズムの中において「保守 対 リベラル」という対立構図を作り上げたのは、GHQの新聞政策だったのではないかと考えている。アメリカの新聞は「共和党系」と「民主党系」に分かれるが、こういったイデオロギーによる二極化を戦後日本でも再現したかったのにちがいない。何よりも彼らは、「政府系」と「非政府系」という、戦前の構造を破壊したかった。そこにすっぽりと収まったのが、「戦後保守」と「リベラル」である。

おもに「非政府系」の新聞が、「リベラル」という新しい役を果たすことになったわけだが、そのとき、「時の政府への批判」という、かつての役割がそのまま主義・主張へと拡大され、「批判こそジャーナリズム」と嘯《うそぶ》くようになったのであろう。そして、保守的なもの、現状を否定するようになった。

戦時報道の現実

戦前の話に戻そう。いったん戦争が始まると、論調の異なる新聞でも、対立はなくなる。まさに「国民全体」が「この戦争には勝たなければならない」という感覚を共有するようになるからである。とくに欧米列強として不平等条約を結ばされていたロシアとの戦争は、国民の多くが危機感を持って臨むものだった。日本は、貧しい中で臥薪嘗胆し、新天地を守るため大陸に打って出た。

さらに政府にとっては、そうした精神的な内容以上に、戦費調達という最大の問題が存在した。この場合、戦争当事国以外の国々に国債の購入をお願いしなくてはならない。

そのためには、戦時報道として日本の戦果をしっかりと報道することが求められた。さまざまな戦闘場面で、各国の観戦武官《かんせんぶかん》に常駐してもらい、同時に従軍記者の取材によって、戦果を世界各国に報道することが必要になったのである。戦果の報道は、戦闘行為における敵味方の被害ばかりではなく、輸送や補給兵站《へいたん》に関する内容なども、軍事機密と作戦に関する特秘事項以外は、すべて公開することが基本であった。

「すべてを公開する」のであるから、自国に不利になるような戦局も隠さず報道しなくてはならない。日露戦争の開戦当初、帝国海軍第二艦隊が戦闘開始の砲撃をウラジオストクに向けて敢行したが、第二艦隊が古い船で構成されていたために、ウラジオストクの港内に砲弾は届かなかった。しかし、当時の日本の新聞ジャーナリズムは、この大失態に関してもつぶさにそのまま報道を行なったのである。

これが、太平洋戦争における大本営発表とは大きく異なるところである。日露戦争当時の新聞は政府に管理されているわけでもなく、しっかりと事実を伝えていた。

もちろんこの報道により、日本の海軍はいまひとつ装備がよくないということを海外に知らしめる結果となった。第二艦隊司令長官だった上村彦之丞《かみむらひこのじょう》の自宅には石が投げられるなど、激しい抗議が殺到するという事態も起こる。しかし、このような正直な日本の姿勢は、アメリカやイギリスで好感を持たれ、最終的には国債が完売するという成果を上げたのである。

時代は下って、昭和十六年十二月八日の真珠湾攻撃。それ以降、すべての新聞は政府情報局による統制下に置かれ、戦意高揚以外の報道は許されなくなった。当時構成された大政翼賛会《たいせいよくさんかい》の中において、新聞も重要な情報操作の道具として使われるようになった。

よく知られるとおり、この時期の新聞は、政府や軍部の公式発表を恒常的に掲載しており、それらの多くは戦果を大幅に誇張し、損害を矮小化《わいしょう》した「虚偽報道」だ。太平洋戦争の大きな節目となったミッドウエイ海戦で、日本は主力である航空母艦四隻を一気に失ったが、大本営発表は「空母二隻大破」（被害数が半減し、しかも沈没したわけではないとした）であった。「嘘の情報を書く」という状態が、終戦までの四年間も続けられたのである。

政治面だけでなく、文化面においても、消火訓練やバケツリレー、地域の運動会での竹やり訓練などが掲載されるようになる。これは、「偏向報道」である。

しかし、このような「虚偽報道」や「偏向報道」を行なわなければ、記者や編集責任者たちは憲兵に逮捕され、スパイ容疑をかけられた。実際には、それでも多くの報道弾圧があったであろう。しかし、「事件名」としていまも残っているものはない。記事が紙面になる手前の「ゲラ」段階で検閲が入り、取り締られたことで、闇に葬《ほうむ》りさられた。

さらに、それだけではない。自分たちがした「虚偽報道」や「偏向報道」によって戦意が高揚した国民たちからは「非国民」として扱われ、家族までもが村八分の目にあった。まさにこのことが、多くの記者や編集責任者を、さらなる「虚偽報道」と「偏向報道」の垂れ流しに駆り立てた部分もある。新聞と国民は、一体となって、日本を戦争の泥沼へと追いやったのだ。この結果、ほとんど焦土《しょうど》と化した日本においても、なお「本土決戦」

「一億総特攻」が叫ばれた。

終戦直前となって、特徴的な事件が起こる。昭和二十年七月二十七日、政府が「ポツダム宣言」の存在を明かしたところ、翌日の「讀賣報知」（現「読売新聞」）は、「笑止《しょうし》（ばかばかしい）、対日降伏條件《じょうけん》」と報じ、また「毎日新聞」でも、「笑止！　米英蔣《しょう》（中華民国）共同宣言、自惚《うぬぼ》れを撃破せん、聖戰《せいせん》飽《あ》くまで完遂《かんすい》」と報じられた。政府の弱腰を反政府系新聞が強い口調で難じたのである。

新聞の攻撃を受けて、政府は改めて論評を発表することとなった。鈴木貫太郎《すずきかんたろう》首相は、七月二十八日の記者会見で、「共同聲明《せいめい》はカイロ會談《かいだん》の焼直しと思ふ、政府としては重大な価値あるものとは認めず黙殺し、斷固《だんこ》戰争完遂に邁進《まいしん》する」と釈明した。そして、翌日の新聞が、「政府がポツダム宣言を黙殺」と大きく報道し、戦争は継続された。

「嘘の報道」が国民をミスリードしたことで、戦争被害は拡大したし、多くの命や財産が失われた。終戦時にも、日本の無条件降伏を受けいれられない軍の青年将校たちは、「天皇陛下がだまされて間違った御聖断《せいだん》を下された」などと主張するようになり、玉音放送が録音されたレコード盤の争奪戦や放送局周辺での狼藉《ろうぜき》につながるのである。

「嘘の報道」は戦後も続く

戦後、軍部はＧＨＱに置きかわった。占領軍将兵の犯罪など、占領軍に関する批判となる報道に対しては、「プレスコード」（新聞規則）で検閲し、徹底的に言論統制された。国民の間には、かつての敵国アメリカが、新生日本の救世主であるかのようなイメージが植えつけられていく。

またＧＨＱは、新聞が軍国主義の拡大に大きく加担したとして、旧来の新聞の勢力を削《そ》ごうとした。当時貴重だった紙の配給を旧来の新聞社に少なく、新興の新聞社に多く割り当てることで、このとき、新しい新聞が次々に生まれた。

ここで重要な問題を直視しなくてはならない。戦後日本の新聞は、ＧＨＱによっていったん解体整理されたとしながら、その現場のほとんどは、戦中に「嘘」を報道することに慣れてしまった記者や編集責任者たちがそのまま担っていたという事実である。

「新しい新聞報道」の担い手たちは、戦争の責任が自分たちの新聞社に向かわないように、巧みに立ち位置を変え、戦争の責任を軍部の執行部に押しつけ、喧伝《けんでん》したのだ。さも国民が国家の被害者であったかのような論調を繰り返し、自分たちが「嘘の報道」で国民を扇動した過去を不問に付そうとした。

この結果、国民と新聞の一体感は強まり、新聞は購買部数を飛躍的に伸ばした。そして、その代償として、私たち日本人は、「真実とは何か」「大義とは何か」について、自分の頭で考えることを放棄した。また、自分たちの言行の責任を他に転嫁《てんか》することにも慣れてしまった。報道に関わる人たちもその限りではない。

「嘘の報道」を流すことに慣らされた新聞にとって、自分たちの意思で世の中を動かすことこそ「正義」であると思いこむのに、躊躇《ちゆうちょ》はなかった。「嘘」であっても、信念があれば、「正義」ということになる。現場を担う者たちも、良心の呵責《かしやく》を感じないばかりか、そう考えることに疑いを持たないという異常な状態になっていた。これが、戦後日本の報道精神の正体である。

一例をあげると、「読売新聞」の正力松太郎《しょうりきまつたろう》を戦犯として逮捕し裁判にかけるという事態が起こった。結局、彼は不起訴で釈放されるが、その後の「読売新聞」は、GHQに従った報道を行なうようになって、「漢字を廃止せよ」との社説を掲載し、「脱・戦前日本」をアピールした。また、アメリカの要求に応じて「原子力基本法」を強力に推進したのも正力松太郎と「読売」なのである。

当時の新聞というものが、いかに人的な関係において「主観的報道」を行なっていたかがわかるのではないか。結果として、かつての「反政府系新聞」は、アメリカにおもねったのである。

歴史が語るとおり、この国では、いつの間にか「嘘」を報道することがあまりおかしなことと思われなくなってしまった。主観的な報道を行なうことに関して、何ら問題視されなくなった。そのようなジャーナリズムの偏向を「正当化」したのが、日本国憲法の「言論の自由」に他ならない。

したがって、「批判精神こそジャーナリズム」というスローガンについても、一部には、政府に従った報道で戦争に加担したことに対する自責の念もあるかもしれない。それに悩んだ報道関係者もいたであろう。しかし多くは、「嘘の報道」を拒まなかった戦中戦後の新聞の権力志向において、また、自らの生き残りの手段でもあった「主観的偏向報道」において導き出されるものでしかなかったのである。

この「嘘」に、若い世代が気づいてしまった。戦後数十年たった現在、「信用できない日本の新聞ジャーナリズム」という答えを国民が突きつけているのだ。

なぜ、どの新聞も似たような内容なのか

さて、日本の新聞ジャーナリズムは、ただ事実を報道することではなく「政府に対する批判的監視役」という不思議な役割を自認するようになった。この「批判する監視役」という自己満足を実現するために、さまざまな部分で歪みが出てきてしまっている。

新聞の編集部門は、およそ「政治部」「経済部」「国際部」「社会部」「文化部」という五部門に分けられる。もちろん、新聞社によって、名称や構成が少し変わることもあるが、だいたいこんな感じだろう。

さて、政治を報道するのは、「政治部」だけかと思うとそうではない。実際には、「社会部」や「国際部」も政治に関する報道を行なっている。

国会の中には記者の「たまり場」がある。一般的にいって、各新聞の「政治部」は各政党と国会記者クラブに、「国際部」は外務省に部屋を持っているのに対し、「社会部」は、法務省や警視庁などにも部屋はあるが、衆議院議員面会所の「たまり場」によく集まって

くる。私が「たまり場」で話をする記者には、「社会部」の人が多い。

よく新聞の報道がどれも横並びで同じであると批判する人がいる。しかし、実際に横並びで同じなのは「政治部」の記事であり、「国際部」や「社会部」のそれは、必ずしもそうではないのである。これは取材の方法や、その後の編集内容、さらにある意味において新聞社ごとの社内の力関係なども関係することである。

「政治部」は、基本的に政策もしくは政局を報道する。本来は政策を中心に報道するのが普通なのであるが、日本の場合はどうしても政局中心の報道になってしまう。

政局中心の報道は、非常に「属人的」な要素を含むものである。たとえば大臣人事などは、内閣総理大臣の専権事項であり、その内容は内閣総理大臣の指名によって決まる。要するに、内閣総理大臣との情報のパイプが存在するかどうかが、「政治部」の最大の鍵となる。とはいえ、いかに敏腕記者といっても、政治家、秘書、政党職員など四千人を超える関係者のすべてとよしみを通じ、役に立つ情報を入手しつづけることは難しいだろう。そのために、どうしても自分と親しい政治家やその周辺の「ネタ元」と付き合うことで情報を得るということになりがちだ。

しかし、これでは政治全般のネタを網羅することができない。このために、多くの記者たちは、たまに議員食堂や喫茶店など、国会議事堂内の集まれる場所に集まって「ネタ合わせ」をしている。

「政治部」は、政治とのつながりが太くなるために、新聞社の社内でも大きな力を持つし、取材費なども使えるような立場にある。昔は、その新聞の自民党担当記者（いわゆる「番記者」である。自民党内にある記者クラブは通称「平河《ひらかわ》クラブ」といわれている）が後々に政治部長になり、そして、主幹や主筆になるというような出世コースがあった。

もちろん、その時代は、各新聞の「政治部」同士がしのぎを削ってスクープを報道していた。総裁選の投票先や料亭での密談、外国高官との会話など、さまざまなことがスクープになった。政治家側も、マスコミが報道してくれること（これじたいが「主観的偏向報道」なのであるが）によって、自分への支持や認知も強くなるということから、担当記者を優遇し、報道そのものを保護した。各新聞の担当記者に別々にスクープを与えるなどして、持ちつ持たれつの関係が成立していたのである。

その代わり、スクープを出してもらえるまでの信用を得なければならない。「政治部」

などという肩書きはまったく関係がないし、所属する新聞社のブランドも関係がない。まさに記者自身の「顔」が名刺であり、ブランドにならなければならない。

信用を得た記者は、ネタをくれる政治家や「ネタ元」と一心同体となるくらいの密な関係になる。海外出張などもすべて彼らの予定にあわせて行なうことになり、文字どおり朝から晩までともに行動する。これらを差配していたのは、政治家の秘書たちであった。有能な秘書はしっかりとマスコミをグリッピングしており、ほとんどの場合、その秘書が「ネタ元」としてうまく機能していた。

その時代の記者は、政治家と一心同体であったために、政治家にとって、不利になるような記事を書くこともなかった。よけいな人間関係を暴《あば》くよりも、それを共有することで、他では知りえないネタをもらおうというふうに考えていたようだ。

政治家のなじみの料亭の女将《おかみ》や仲居《なかい》と仲良くなって、彼女たちから政治家が会談をしている部屋の中の様子を聞くなどというのは当たり前の話だが、女将と政治家が特別な関係であっても、そのようなことには一切触れなかった。むしろその女将のお気に入りになることを考えていたのである。女将のほうも心得たもので、取材に来た記者と政治家との距離に応じて、店の中に入れて話をしたり、玄関口でもお茶を出したりしていた。記者の立場からすれば、その女将の自分に対する扱いで、政治家と自分との距離感を図ることができる。政治家と女将も一心同体である。自分が信頼されているか、相手にされていないか、または警戒されているかを知ることが、取材の出発点となるのだ。

ひとりの有力な政治家を通じて、ひとつの集団が出来上がった。ことあるごとに自分の担当記者の分までお土産《みやげ》を買ってきたり、担当記者だけの無礼講《ぶれいこう》の飲み会を企画したりした。今でも古い記者などに話を聞くと、担当同士、お互いが知り合いになっていることは珍しくない。

しかし、細川内閣以降、そんな出世コースもなくなってしまった。また、政治家を中心にした「番記者」のチームもなくなってしまった。「自民党的な政治」を否定することで、そのまま、スクープの報道もなくなり、すべてが秘密主義になってしまった。

そのため、皮肉なことに、かえって自由に報道をすることができるようになったのだが、「ネタ元」から定期的に提供されるスクープもなくなった。スクープと聞くと、事件の現場に偶然居合わせたり、資料の行外の意味に目をつけたりして得られるもののように思われるかもしれないが、そのほとんどは、重要関係者からのリークである。秘密を知る人間と話ができなければ、いくら自由に取材ができても、スクープは出てこない。

「政治部」のスクープがなくなったことで、各新聞社の定期出世コースはなくなり、社内での優位な立場もなくなった。記者たちが心配するのは、どこかの新聞が、ある日突然スクープ記事を掲載することだった。それで、記者たちが毎日集まってネタを合わせ、一社が抜け駆けすることを抑えたのである。もちろんこれだけが理由ではないが、政治面の記事にどれも同じ内容しか書かれなくなってしまったことの大きな原因だろう。

それがよいかどうかは別にして、ある意味、田中角栄《たなかかくえい》と福田赳夫《ふくだたけお》による「角福戦争」の時代のように、スクープが各新聞に振り分けられていたときは、その政治面は、情報があるていど管理されながらも多面的に報道されていた。しかし、現在のような「ネタ合わせ報道」の時代になると、読者に提供される情報は画一的になってしまう。結局、情報の量も少なくなってしまうことになるのである。

「政治部」と「社会部」の違い

しかし、それはあくまでも「政治部」の話である。「社会部」はといえば、現在もスクープ合戦を行なっている。この部門が担当する社会面は、一般的な新聞の場合、テレビ欄の裏側に当たる。一面（表紙）のちょうど反対側である。基本的に事故や事件を扱う部門だが、事件を扱うことで、政治家による疑獄事件や贈収賄事件、その疑惑などもその守備範囲になる。また、「社会部」の中に司法部があるために、政治家の裁判などはすべてこの中に含まれるのである。

考えてみれば、小沢一郎の司法裁判報道も、社会部から政治部に向けられた起死回生《きしかいせい》の大一番であった。実際にこの報道の先頭に立ったのは、「朝日新聞」の「司法部」である。この部門は、「朝日」の中にあって、保守系メディアの人たちからも「唯一信用できる」といわれている。

「社会部」は、雑誌系の週刊誌などと同様に、まさにスクープ合戦の現場である。ある新聞に掲載されている記事が、他の新聞には一文字も書かれていないなどということは普通に存在する。ある新聞の後追いで他の新聞が取材するということになれば、先行した新聞の功績は大きくなる。「社会部」の記者にとって屈辱的なのは、他社の後追い記事を書くことだ。

スクープを他社に抜かれないようにするには、新聞社の規模はどうしても大きくなり、多くの記者やバックアップの人員を抱えなければならなくなる。何か突発の事件があれば、すぐにそちらに移動しなければならない。このために、各地に支局を置くか、それが無理でも、移動手段や通信手段も豊富に持っていなければならないのである。

「社会部」の記者が、他社の記者にネタを提供したりすることは、ほとんどない。もちろん「ネタ合わせ」もない。それればかりか、彼らは、同じ新聞社の同じ「社会部」の記者に対しても何を追っているのかを漏らさない。ネタは記者個人の所有物であり、会社や部の共有物とするような感覚は存在しない。非常に属人的な収集方法をとっているために、突然の異動や退社などによって取材担当者が替わったとたん、追加の情報がまったく入らなくなったということも珍しくないのである。

新聞社や部門の外部に「ネタ元」を持っているということは、「ネタ元」となる警察関係者、政治家、政党職員などといった人たちと「秘密の共有」をしているようなものである。記者が「秘密の共有」の一方の当事者となることで、新聞社にとっては他の新聞に抜かれることなく報じられるし、また警察にとっては、新聞と協同しながら捜査を進めることができる。まさに情報の操作と同様の効果が得られるのだ。しかし、ネタが警察や政治家・政党の側を経由して漏れることは往々にしてある。

このように、記者同士のチーム性である「政治部」と、同じ社内でもあまり情報を公開しない、非常に属人的な「ネタ元」の管理を行なう「社会部」とでは、取材方法も記事の構成もまったく変わってくる。ある意味で、「政治部」は取材対象が掲載してほしい内容を書くのに対して、「社会部」は取材対象の隠したい内容を世に暴くような対比になる。

「オフレコ会談」が漏《も》れる理由

政治家も人間である。当然にプライベートもあれば感情も存在する。三六五日、公人でいることのできる政治家はいない。そのために、したたかな政治的行動からは離れて、プライベートなことを話すような、または本音で話すような状態に身をおき、ガス抜きをすることを考えても不思議はない。そういった場で話した内容を、一切記事にしてはいけない会談として「オフレコ会談」を設けることがある。

この「オフレコ会談」には二通りのパターンが存在する。ひとつは、記者会見などのオフィシャルな場を打ち切った後に、「ここからはオフレコで」と注釈をつけてから個人的な見解を述べるパターン。もうひとつは、はじめからオフレコということで集まって、会食や飲み会など記者との懇談の流れで、プライベートな話をするパターンである。

ちなみに、記事の中で、「○○関係者によると」とか、「○○筋によると」という表現を目にするだろう。情報提供者の名前は明かせないが、その情報だけはどうしても用いたいということがある。それで、「関係者」「筋」という言葉を用いるのだが、一般に新聞では、「関係者」といえば「内側の人」を表わし、「筋」といえば「外側にいるが、内側の関係者からつながった人」という感覚で表現されている。これが、雑誌、とくに週刊誌になると、不思議なことに、その二つの単語が入れかわり、「筋」のほうが中心に近くなっている場合がある。

基本的には、オフレコの話は表に出さないというのが「暗黙の了解」である。これが守られていたのは、「政治部」の記者が記者同士のチーム性を重視するからであって、次世代へ引継ぎをするときに、自分たちの新聞社が不利な扱いを受けないようにするためでもあった。

しかし、しだいに記者のありようが変わってきたのは、冒頭でも述べたとおりである。一般の会社のジョブ・ローテーションと同じように、新聞社でも、特定ジャンルのスペシャリスト記者を作るのではなく、さまざまな仕事を体験させるような考え方が大きくなってきている。部門間の人的交流が活発になってきた。また、従来の出世の道がなくなったことで、功《こう》を焦《あせ》る記者が増えたこともその一因だろう。

人的交流の結果、「政治部」に所属しながら「社会部」のような気質を持った記者も多くなってきたのである。「社会部」の気質を持った記者が、ただ属人的な内容の記事を扱うのであればよいが、政治取材に対しても「取材対象の隠したい内容を世に暴く」という性質を色濃く出してしまえば、オフレコにおける「暗黙の了解」の意味はまったく理解されなくなってしまうだろう。麻生太郎《あそうたろう》内閣の末期や、民主党政権時の沖縄などで「オフレコ会見」が表に出てしまったのも、このような背景から起きたことである。

本来は、このような約束違反をすれば、そもそもオフレコ会談や記者懇談会にだいがなくなるということもあるし、記者懇談会を設けるにせよ、秘密を公表した新聞社だけを除いて行なうことがあった。制裁によって不利益を与えることで、新聞社側に自制心を求めるねらいである。

しかし、最近ではそのような制裁もなくなってきた。なぜならば、まず「政治部」の記者たちが「ネタ合わせ」を行なう習慣ができたために、ネタは他社の記者からいくらでも入ってくるのである。また、メディアに露出したい政治家たちは、ちょっとした問題なら、それを不問に付して自分が目立つ報道を要請するだろう。

新聞の側からしてみれば、オフレコを漏らして記事にしたところで、不利益が存在しなくなってきたということだ。このことが、かえって悪い意味で政治家と新聞の癒着を生む結果となる。つまり、政党の執行部の批判をしながら、同じ政党にある反対派を抱きこむような、歪んだ報道姿勢がまかりとおるようになったのである。また、そうした不誠実な駆け引きに乗るような政治家が多いから、ポピュリズム政治が横行するという悪循環を招いた。

第二章　なぜ、記者クラブは閉鎖的なのか

国会記者はどんな仕事をしているか

実際に記者はどのように取材し、どのように記事を起こすのであろうか。私自身は、そのような仕事をしているので、いつもの日常を書きこむような形になるが、あまり一般には知られていないし、一部のインターネット上では、新聞社の取材はいとも簡単に行なわれているかのごとき、または、新聞社の取材そのものが政治家などと癒着の上で成り立っているかのごとき論調が見受けられるので、その点に関して少し記しておきたい。

記事制作の現場は、「記者」↓「編集デスク」↓「編集委員」という形で流れ作業になる。まず編集デスクが、何かテーマを設定する。このテーマ設定が非常に大きなものなのであるが、ここに関しては会議や誰かの命令で決まるのではなく、基本的には、編集デスク個人の感覚である。この感覚に沿う形で記者が取材を行なう。取材は、ひとりの記者が継続的に行なう場合もあるし、または特命チームのような集まりを作って臨《のぞ》むこともある。

たとえば、選挙が終わったり、あるいは年度末が過ぎたりした時点で、全国会議員の政治資金収支報告書を調査し、おかしな内容を探す、といったテーマが設定されたとする。

すべての政治資金収支報告書を入手し、人海戦術の方法をもって、それらを見てゆかなければならない。このような取材は、とてもひとりでは無理なので、期間を定め、数名の記者が缶詰になって「あら捜し」をするのが現状である。

だいたいひととおり見れば、ある国会議員のクラブの領収書が「会議費」の名目になっていたり、キャミソールが政治資金で買われているといったことなどが明らかになってゆくのである。

このほかにも、新聞社によって、その新聞社の独自性を出すために何かテーマを決めてチームを作って取材することが少なくない。「朝日新聞」がもっとも深い内容を報道した「マルチ議員連盟事件」や「民主党内閣の外国人献金事件」、または「読売新聞」が取り組んだ「農水省の対中国農作物不正輸出疑惑と中国書記官のスパイ疑惑」などは、近年のチーム取材の中でも特筆すべき成果となっている。

このような、とくに決められたテーマがない場合は、記者は、各自の職務分掌《ぶんしょう》にしたがって日々の仕事に励む。職務分掌とは、基本的に「取材」「情報収集」、そして、それらから導き出される結果としての「記事」である。

これが、「社会部」記者ということであれば、なんとなくイメージしやすいかもしれない。いわゆる交通事故や殺人事件などの現場に駆けつけて、地元や目撃者のレポートを行なうというものである。そのレポートをもとに、文章化し、その文章に見出しをつけて記事にするのである。以上が「社会部」の日常業務ということになる。

「政治部」もしくは国会取材をする「社会部」の記者の場合、国会においてさまざまな内容を調べたり、あるいは話を聞いたりするのが仕事である。古い時代は、まず「予算書」を読み解くこと、さらには「政策書」「報告書」「質問趣意書」に目を通すことが、状況を知るための第一歩であった。

古い時代としたのは、残念なことに、今はもうこんな大変な作業をする記者は少ない。国会議員にしたって、予算委員会に出席しておきながら、誰もこの「予算書」を持参していないほどである。

その「予算書」は、かなり分厚い書類であり、なかなか読みにくいものであるが、このつらい作業によって、日本の政治のほとんどすべてが明らかになるのである。

なぜならば、日本の行政、とくに官僚機構は予算がないと動かないし、また、何か新しいことをやるに当たっても、そのたびに予算をつけなければ、何もできないのである。会議一回催すときにも、まず「会議費」というものが計上されなければならない。裏を返せば、「会議費」が計上されていることで、会議が催されたことがわかる。その額を見れば、規模を推測できる。だから、予算と人事異動さえ見れば、基本的には行政のほとんどがわかるのだ。

一方、その予算を計上した部署が何をするのかということを書いてあるのが「政策書」、そして何をやったかということを書いてあるのが「報告書」である。説明するときは、このように分けていっているが、一冊になっていることが少なくない。だいたいの場合、まず昨年度の報告、次に現状の環境分析に触れ、その内容が今年の政策への導入となっているのである。

最後に「質問趣意書」であるが、これは、「政策書」や「報告書」に記された結果に対して、各政党、とくに野党側がどのような反応を示しているかがよくわかる書類である。さらに、各議員がその議員の信条として何を重視しているかということがはっきりと表わされるのであり、同時に各議員にとって、何が得意で、どのようなスタンスにあるのかもわかるようになっている。

そこまでの基礎知識を持ち、今まで自分の新聞でどのような報道をしているかということを把握してから臨めば、議員たちと少ない時間で話をしても、多くのことを得ることができるだろう。

「嘘」や「建前《たてまえ》」を見抜く力

記者という立場は、このようにして、自分で勉強して得た見識や知識と、議員や秘書が持っている情報を交換することで、取材先の信用を得てゆくのである。基本的に、どこどこ新聞の記者だからといって、ただ話を聞きに行ってなんでも話してくれるというものではない。背景の知識がなくては、まず失礼であるし、何の検証も反論もできないということになってしまうので、取材先の本音の部分を引き出すことはできない。なかには、何の勉強もしてこない記者だと答えないばかりか、怒り出す議員もいるほどである。

しかし、最近の大手新聞社の記者は、ジョブ・ローテーションということで、短期間で国会からいなくなってしまうことが少なくないから、その風習がわからない。文字どおり右も左もわからず、上司からいわれたとおりに話を聞きにいくだけになってしまう。上司は、自分がやってきたようなつもりで部下に伝えたところが、うまくかみ合わない話になってしまうのである。

新聞の政治スクープが少なくなり、「ネタ合わせ」までしなければならなくなった背景には、おそらく若い記者の知識不足、経験不足、勉強不足という問題が存在する。最近では、最低限の勉強もしていない記者のほうが多いくらいの体《てい》たらくなのである。

その差は、記者会見の会場やパーティーの挨拶《あいさつ》などの取材に行けば、たちどころに出てしまう。取材の現場でよく見るのは、まずノートパソコンを立ち上げ、そしてＩＣレコーダーで録音する姿である。会見が始まると、話者の言葉を一字一句逃さないように、パソコンのキーボードを叩く音だけが響く。

こうした機械がそれほど発達していなかった時代では、すべての記者が、メモ帳を片手に、話している政治家の表情やしぐさを見逃さないように凝視《ぎようし》していた。しかし最近では、パソコンの画面ばかりを見ていて、話している本人のほうを見ている記者はほとんどいない。そのことは、私がその現場に行ったときも同じだ。

このことは、何を意味しているのか。つまり、記者そのものの知識とスキルが低下しているために、話の内容に矛盾点があることや、あるいは「建前《たてまえ》」で話しているときでも、その表情やしぐさの変化を見落としているのだ。話者の発した音声だけが、すべての情報だと考えているのである。

記者会見などで話される文章は、基本的に多くの人が知恵を絞って作った当たりさわりのない内容である。しかし、それが多くの場合、記者会見をしている当人の本音ではないことは明らかだ。人間は、「嘘」をついたり、「建前」の話をしたりしているときには、必ずハニカミ笑いをしたり、または身振り手振りが大きくなったりするものである。その表情やしぐさを見れば、「建前」を作った人と、記者会見をしている本人との間に生じた亀裂が見えてくる。

そして、この亀裂こそが、次の政局の方向性を示唆《しさ》するものであるから、見る人が見れば、政治の次の展開もわかってくる。こんなとき、必ずといっていいほど記者会見をした本人は、話した内容が「建前」であることをわかってほしいものだ。だから、表情やしぐさで表現している。口八丁手八丁の政治家であれば、顔色ひとつ変えず、意にないことをいうことくらいお手のものだからである。

だから、その本音と「建前」の亀裂について、後になって個人的に質問すれば、「実は、そうだったんだよ」と、本音の話がたくさん聞けるのである。残念ながら、そのような取材のできる記者は少なくなってきている。

政治家にとって、記者と話をすることは、かえって知識や情報、周囲の意見や見方を入れる絶好の機会でもある。だから、こちらもその点を武器にしない手はない。短い時間で、お互いの主張や考え方を理解しあうことで、信頼関係も生まれる。そのような信頼関係の中から、スクープや独占ネタが生まれてくる。

現場の前線にいる記者が機能しなければ、なかなか成果も上がってこない。それでも、編集委員や編集デスクがそれまで培《つちか》ってきた人脈を使うことなどによって、取材はなんとか成立する。しかし、現場で起こった細かい変化を読みとれないため、編集委員や編集デスクが話し合って出した基本情報や基礎知識の上に、現在の「建前」の話が上乗せされて、記事が作られる。

そうすると、たとえば何か衝撃的な事件があって、政治家が趣旨や表現などを変えたとしても、そのことが反映されることのない、場違いな記事が出てきてしまうことがある。こうして、政治家の表情やしぐさをそのまま映し出して報道するテレビなどの映像メディアに優位性を奪われることにもなるのだ。

多様な国会の記者クラブ

本来は、しっかりとした知識と人脈を記者個人が身につけなければならない。後々になって、自分の財産となるからだ。しかし、日常の仕事をこなしながら知識を身につけていくことは、かなり難しい。また人脈を築くといっても、イチからひとりでやるには限界がある。そこで、記者たちが集団を持って、お互いを補う組織が必要だ。これが「記者クラブ」である。

以前の記者クラブでは、先輩の記者が後輩の新人記者を怒鳴《どな》っているような場面に出くわしたものだ。その光景をよく見ていると、記者として先輩と後輩の関係というだけで、新聞社も所属も違うなどということは少なくなかった。「新聞記者は怒鳴られて成長する」という言葉が存在していた。だから、新人の記者はさまざまなことをいわれる。先輩の記者もまた、怒鳴られて成長してきたのである。ある意味で、記者クラブは、そのような記者、とくにそれが国会の記者クラブであれば、国会記者の中の「しきたり」を学ぶ最高の場所であったといえる。

この章では、記者クラブに関して、少し詳しく述べてみよう。その前に、皆さんは国会の中に記者クラブがいくつあるのか、ご存じであろうか。「えっ、ひとつじゃないの」と驚かれた方もいるかもしれない。

まず、もっとも有名なのが「国会記者クラブ」（「国会記者会」）である。テレビなどでも国会中継やその解説の映像で呼び出されるのを見た人は多いだろう。「ひとつ」と思った方は、この組織を頭に浮かべているのではないだろうか。

「国会記者クラブ」は名前こそ知られているが、中心的な国会の記者クラブというわけではない。戦後ＧＨＱの占領下では、独立した記者クラブは存在しないことになっていた。この記者クラブがはっきりとした形で組織されたのは、昭和二十六年になってからである。

この組織は、「国会の組織」を名のりながら、その本拠地は国会議事堂の中にはない。

国会議事堂と内閣官邸、議員会館が向かいあう交差点の一角に、専用の建物「国会記者会館」がある。よって、ここで記者会見を行なっている議員たちは、地下通路を通ってやってくる。

国会内の組織ではないため、警備もなく、実をいえば、この周辺にある建物で珍しく一般の人が自由に出入りできるところだ。大手や地方の新聞社、テレビ局など、主だったメディアが所属しているために、さまざまな関係者の出入りのあることが特徴だろう。

建物には人の出入りが多いが、この記者クラブに属する記者の数は、八〇四名と決まっている。つまりそれは、国会の通行証が八〇四枚しか発行されないことを意味する。新しい記者が登録されるためには、古い記者が外れるしかない。このことについては、後述したい。

次に、テレビニュースカメラマン専用の記者クラブとして、「映放クラブ」がある。在京テレビ局六社（NHK、日本テレビ、TBS、フジテレビ、テレビ朝日、テレビ東京）が加盟しており、国会議事堂の衆議院内に本室を置く。

また、テレビの記者クラブがあれば、ラジオのそれもある。「民放クラブ」は、やはり本室が衆議院内にある、ラジオニュース専門の記者クラブで、「国会放送記者会」というのが正式な名称である。「民放クラブ」所属の記者たちは、主に政治取材における記者会見やぶらさがり取材の録音をする。「民放クラブ」だからNHKは加盟していない。NHKのラジオニュースは、テレビの取材で得た音声を使用するためだ。

新聞の記者クラブに戻ろう。「国会記者クラブ」の他、オフィシャルな記者クラブとして、「衆議院記者クラブ」「参議院記者クラブ」「内閣官邸記者クラブ国会別室（通称「永田クラブ」）」、そして、私の所属する「両院記者会」の四つがある。

「衆議院記者クラブ」と「参議院記者クラブ」は、「国会記者クラブ」の機能と重なっているが、その本拠地は、それぞれ国会議事堂内に存在している。より密接して国会の取材を行なう記者のための組織である。場合によっては、「衆議院記者クラブ」または「参議院記者クラブ」内において記者会見などが行なわれることがある。忙しい議員の便宜《べんぎ》にもなるだろう。

民放テレビ局にとっての「映放クラブ」の存在意義も「国会内のクラブ」という点にあるといってよい。国会の外に出された記者クラブが、ふたたび国会内に本拠地を築いたのだった。
「内閣官邸記者クラブ」は、本来は内閣取材用の記者クラブである。ただし、内閣の行政の問題が国会の中で議論されるということもあって、その「別室」が、国会内、それも衆議院側の内閣総理大臣室の前にある。もちろん、首相官邸内にある本室のほうが規模は大きい。

そして、「両院記者会」である。あまり知られていないが、これは、明治時代から存続する最古の記者クラブである。いうまでもなく「両院」とは、貴族院と衆議院をさす。

そもそも貴族院議員となれるのは、爵位《しやくい》のある人や、とくに国家への貢献を認めて天皇が任命した人など、限られていた。貴族院の取材も、特別な許可のある人しか行なえなかったのである。そのために当時は、貴族院記者クラブに相当するものはなく、「両院記者会」が貴族院の取材も行なっていた。

戦前の帝国議会は、衆議院よりも貴族院優先であった。戦後、貴族制度が廃止され、貴族院の廃止とともにできた参議院の取材は、現在のように一般でも行なえるようになった。このため、「両院記者会」は他の記者クラブと同等の立場になっている。

「両院記者会」の本室は、現在は衆議院正門横の警備員室の隣にある。古くは、国会本館内閣総理大臣室の前、現在の「内閣官邸記者会分室」のあるところにあったのであるが、戦後のごたごたの中で、移動している。国会新聞社の他に、やまと新聞社、日刊労働新聞社、合同通信社、公民新聞社、官界通信社などの記者、約八〇名が所属している。

この記者クラブでは、各新聞社を経由せず、記者が個人で登録する形になっている。実際に、私の通行証には、「両院記者会　宇田川敬介」と記されているだけで、そこに社名の表記はない。個人登録とすることで、たとえば役員改選など、会社の概要を変更した際にも、そのわずらわしい再申請の作業をせずにすむ。紙名や社名の変更が頻繁《ひんぱん》にあった時代の名残りだろう。規模の小さな新聞社には打ってつけのシステムである。

このように、国会内の記者クラブは、その取材対象、取材する側の媒体、またはその歴史などによって、さまざまに複数ある。そして、それぞれに存在意義があり、国会という、一般の人がなかなか入ることのできない世界のことを伝える権利を与えられている。

新聞社とテレビ局の系列問題

「映放クラブ」の話が出たので、テレビ局の報道についても触れておこう。悪名高き「椿事件」を起こしたのも、「テレビ朝日」だった。では、その系列の「朝日新聞」がまったく無関係だったのかといえば、そうではない。あのとき「偏向報道」を繰りかえした報道番組のコメンテーターの席には、朝日新聞の編集委員が座っていたのである。しかも彼は、番組のレギュラーである。

日本の場合、テレビの報道番組に、系列新聞の編集委員や論説委員が参画する例は、ごく当たり前のことである。しかもその多くは、レギュラーであり、準レギュラーだ。

ところが、このことを欧米の基準に当てはめると、異常な事態となる。とくにアメリカの場合、情報のコンツェルン化を避けるために、新聞社などのメディアが他メディアの株を取得すること、または系列化することを禁止しているからだ。

このことによって、系列間の各社などでひとつのネタを使い回すことがなくなるため、取材の総数は非常に多くなる。スキャンダラスな内容を扱うフリーの記者も多くなる。しかし、同じ内容について、全メディアがいっせいにバッシングをするということはなく、賛否両論が生まれやすい土壌が出来上がる。結果として、報道各社の経営基盤は脆弱になるものの、情報の幅が広く報道される背景になっている。多様な意見や考え方が、多様なメディアで表わされることで、国民が情報を選択し、自分で考え、意見を形成できるようになる。系列化の禁止は、国民の「知る権利」の充足に寄与しているであろう。

しかし、日本では法律的規制はなく、また、おもに経営の効率化を追究する目的で、新聞とテレビなど他の媒体との系列化が次々と図られていった。新聞とテレビ局の系列関係は、「読売新聞と日本テレビ」「毎日新聞とTBS」「産経新聞とフジテレビ」「朝日新聞とテレビ朝日」「日本経済新聞とテレビ東京」と結びつき、さらに、それぞれラジオ局や出版社などが加わっている。まさに強大な権力である。

GHQは、アメリカ型の情報多様化社会を考えていたが、日本のメディアも、そのいいなりになってばかりではなかった。自主的に分割し、その後、提携や連携、系列化を進めていったのである。

テレビ局は、後発の情報媒体である。現代でこそ、その影響力は大きいという感覚があるが、当初は普及率も低かった。かろうじて街頭テレビでスポーツなどに熱狂しているていどで、報道においては、新聞のほうが大きな力を持っていた。政治の報道、とくに国会取材などでも新聞が主体であった。

取材の主体が新聞であるということは、まさに記者の数や情報入手経路の数も、新聞のほうが大きかったわけである。後発のメディアであるテレビ局は、優秀な記者や人海戦術取材を可能にするような記者の数を用意することができなかった。スポーツ番組がその花形であったから、人員の多くはそこへ割かれた。政治や国会の報道などは、映像で伝えても、新聞のような文字で伝えても、たいして変わり映えしないということで、どうしても後回しにされていた。

そのとき、連携して、テレビ報道用に情報を提供したのが、各新聞社であった。具体的には、自分たちのネタを融通《ゆうずう》し、記者などを出向させていたのである。新聞社とその現場の記者から見れば、これまで新聞社の名義ではできなかった報道も、別会社の名義でなら継続してできる、別の角度から取材ができる、などというメリットがあった。

テレビ草創期にあった「記者の交換」や「ネタの融通」が徐々に大きくなり、新聞を中心とする情報コンツェルンができてくるのである。「新聞を中心に」と書いたのは、情報の対応において新聞がもっとも進んでいたということであって、会社間の資本関係のことをいっているのではない。資本関係でいえば、ラジオが主体になって株の持ち合いをしている場合、テレビ局が持ち株会社になっている場合などもあって、さまざまである。

新聞社は、テレビ局との間に系列関係を持ったことで、同じ情報を流すことができた。もともと現場の記者間でネタの融通を行なっていたわけだから、こうした行為に疑問や違和感を覚えることもなかったのだろう。また、テレビ局の記者クラブへの参加が進むことで、その関係は密接となり、系列化も進んでいったのである。現在でいうようなコラボレーション企画、新聞とテレビ共同の広告営業や、新聞とテレビ双方で同じ記事の反復報道など、さまざまな連携が行なわれた。

国会内の取材でも連携が見られる。例をあげると、新聞社がベテランの記者を送り、テレビ局が若手の記者をその下に入れて教育してもらうなどというものである。また、何か調べごとをするのに、新聞とテレビ局の記者同士がいっしょになって行なうというのもある。とくにスキャンダルなどが起こったときの張りこみは、人海戦術が必要だ。新聞、テレビに、ラジオ局の記者まで加わって、質問事項を書いたメモを握りながら、順番に張りこみについている光景は珍しいものではない。

そして、記者クラブがそういった打ち合わせの場となるのだ。現在では、本来ならば新聞のための記者クラブであった「国会記者クラブ」に、テレビ局の記者が所属している。記者クラブの垣根が徐々になくなってきている。

この系列化は、新聞社やテレビ局の取材費の大幅な削減をもたらし、のちに詳しく述べる通信社への依存を小さくした。その点では、情報の独自性が進んだといえるかもしれないが、それに代わって新聞とテレビとが同じ話を伝えることとなった。そして、「偏向報道」などが起こりやすい体質を生むこととなる。また、新聞本社の意向で、「偏向報道」が複数のメディアで展開されるということが出てきてしまう。

通信社の情報支配から脱した新聞は、今度は自らが中心となって情報の寡占《かせん》化を果たしてしまった。

取材組織から親睦《しんぼく》団体へ

ここで改めて、日本における記者クラブの歴史を見ておこう。

明治二十三年、第一回帝国議会が開催されたとき、自由民権主義を支持する記者たちの活動を封じこめるために、記者取材の禁止が示されたが、それを契機にして、「議会出入記者団」が結成されたことは、第一章で述べたとおりだが、これより記者クラブの発展は、昭和初期まで続く。

昭和十六年に入ると、開戦の気運が高まったところで、記者クラブのありようは一変する。同じ年に、政府からの圧力により、統制機関である「日本新聞連盟」が設立され、新聞報道に対する政府の検閲や政府発表以外の報道を制限することなどが徹底された。

この時点をもって、日本の新聞は報道の自由を奪われたといってよい。記者クラブの機能は制限され、記者クラブに流される情報も制限された。記者個人が記者クラブに加盟し、自由に行なわれていた国会や官庁の取材は過去のものとなり、加盟は新聞社単位で行なわれるようになった。新聞社を規制することで、所属する記者を規制したのである。

数多くあった記者クラブは、ひとつの官庁につき、ひとつしか認められなかった。政府系の「両院記者会」は残ったが、衆議院を取材できる記者クラブは、この「両院記者会」と「衆議院記者倶楽部（クラブ）」しかなくなってしまったのである。

組織化が推し進められることで、ますます戦時国家体制へと迎合させられていった。政府発表に従わなかった記者や、政府の意向と異なる報道を行なった記者があれば、その記者の所属する新聞社も処分されるという連帯責任制が確立したのだ。

戦後になると、状況はまた一変する。今度はＧＨＱが、記者クラブの組織性を問題視したのである。建前としては、組織性が報道や取材の自由を妨げているということだったが、記者クラブの各新聞社に対する誘導や強要によって、情報が政府系のものに一元化され、それにより戦争における日本の頑強な抵抗がもたらされたと結論づけた。

国会内にあった記者クラブもまた、国会の外に追いやられる。「両院記者会」はＧＨＱの方針に抵抗を続け、国会内の部屋に居座ったが、加盟する新聞社ごと自由な活動を制限されることとなった。結局、各メディアに対して、国会や官公庁、警察など、公共施設への記者常駐がふたたび認められたのは、昭和三十三年に大蔵省管財局長の通達があってからである。

さらにＧＨＱは、取材組織だった記者クラブを「親睦団体」へ転換するよう求める。旧来の記者クラブを変えるのではなく、それをいったん解体し、新たな情報言論空間を設けることを画策したのである。

昭和二十一年、戦前の「日本新聞連盟」は、「日本新聞協会」と名称を改め、昭和二十四年に、『記者クラブに関する方針』を発表する。この中で、記者クラブは「親睦団体」であると明記され、「取材上の問題」に関わらないこととなった。

記者クラブは今もって、建前上は「親睦団体」である。しかし実際には、互助会的な取材組織の機能が復活していた。その最大の問題が、「報道協定」である。

「報道協定」という規制

新聞など報道メディアには、「有事報道の義務」というものがある。有事とは、国家や国民共通の非常事態をさす。有事報道のもとでは、各社が報道体制を築き、災害やテロ、大きな事件や事故が起これば、その報道を優先して行なう。国民には、有事の詳細を知る権利がある。

阪神淡路《はんしんあわじ》大震災や東日本大震災、地下鉄サリン事件が起こった直後、その報道ばかりで埋め尽くされ、他の記事の扱いが小さくなったり、あるいはなくなったりしたことは記憶に新しい。身近なところでは、台風の進路や被害状況、特殊なところでは、戦争や紛争の戦局が、この有事報道の対象となるだろう。

ただし、有事に対する意識は、個々によって異なる。何をもって、有事とするのか。身代金目的の児童誘拐事件やハイジャックなどの人質立てこもり事件などは、どうだろうか。国家の非常事態とはいえないものの、国民の大多数が真相を知りたい事件や事故についてである。

これに対立する概念が「報道協定」となる。報道協定は、警察当局が、メディアに対して報道の制限を要請することで、各社間で結ばれるものである。いいかえれば、自主的な取材規制だ。

このような要請は、協会や記者クラブを通じて行なわれる。しかし、記者クラブの指示どおり、加盟者全員が同時に取材・報道規制を受けいれるということは、親睦団体としての立場を否定することとなる。なにより自由な取材と報道の精神を否定するものだというのである。当初、こういった規制に対し、強く抵抗する向きが見られたが、二つの児童誘拐殺人事件を契機にして、状況は一転した。

昭和三十五年の「雅樹《まさき》ちゃん誘拐殺人事件」において、逮捕された容疑者が、過熱する報道の心理的圧迫によって追い詰められ、殺人に至ったというような経緯を警察の取り調べの中で明かした。このときの容疑者の発言が本当かどうかはわからない。警察当局が、取材規制の流れをつけるために作った話かもしれないからだ。

しかし、報道各社が細かい状況に至るまで報道合戦を続け、雅樹ちゃんが遺体で発見されたことは事実であった。こうして、メディアの見境《みさかい》のなさによって、雅樹ちゃんの命は奪われたと激しい批判が起こったのである。この事件は、報道に携わる者すべてに深い衝撃と反省の機会を与えることとなった。そして、昭和三十八年に「吉展《よしのぶ》ちゃん誘拐殺人事件」が起きたときには、初の報道協定が結ばれた。もはや報道協定は、公然のものとなり、制度化された。

国会における報道協定は、とくに防衛と外交に関するものがほとんどである。防衛に関しては、報道協定のようなものを設けなくても、自主規制を行なうのが当然だ。たとえば、イージス艦など最新兵器の細かい性能、米軍基地の軍備配置といったものである。外交に関しても、交渉の過程や進展、次の一手について報道協定が結ばれる場合がある。

「報道の自由を奪うな」という主張

ちなみに、社会主義国や独裁国家を除けば、戦時以外で、この報道協定が認められているのは、日本くらいだ。欧米では、児童が誘拐されようが、人質に取られようが、原則として取材や報道が制限されるようなことはない。すべてが、記者個人や各社の自主的な判断に委ねられている。しかし、この「自主」の部分が肝心である。

ここでの問題は、報道協定を記者クラブの不備と結びつけて論じる人がいることだが、この見方はお門違いというものだろう。

「報道協定」は、報道の自由と人命の救助、どちらを優先するかという点における、まさに究極のバランスの問題といってよい。本来の「報道の自由」とは、報道協定などがなくても、どういった取材や報道が人命に影響するのか、何を報道してはいけないのか、そのようなことを自主的に考えてこそ成り立つものである。

ひとつには、日本が、自主の軍隊を保有できていないことが大きく影響しているように思う。軍隊や安全保障が明確に存在する国では、そこのメディアも「軍事機密」「安全保障上の秘密」に関する報道上の扱いを熟知しており、「どこまでが報道を自粛すべきレベルで、どこから報道が可能か」について、まさに「自主的」に判断できる基準を持っている。

もうひとつは、現代日本には、真の意味での宗教が失われてしまっていることである。宗教上の権威をことさらに尊重する必要はないにせよ、かといって、軽率な扱いが許されるわけがない。これについても、ひとりの記者が、国益や宗教的信条を無視した、不用意な取材や報道を行なえば、本人や会社の損失だけでなく、その影響が国家や国民に及び、大きな損害をもたらすことになる。

アメリカでイスラム教の開祖マホメッドを中傷した動画が公開されたことで、駐リビア大使が殺害された事件は記憶に新しい。

一方、国益や宗教的信条などに対する意識が希薄《きはく》なことで、何か問題があると感じたら、まったく触れようともしない。「タブー視」である。一〇〇か、ゼロか――この両極端な振り幅は、どうしたものか。結局のところ、どのように取材・報道すべきかを自分たちの頭で考えていないのだ。深いところを自分の頭で考えないということは、その取材や報道には、「主体性がない」ということだ。

暴走して、国家や国民に損害を与えたり、人命を危ぶませたりするくらいなら、まだ何もしないほうがいい。日本人の特性を考えたとき、人命に関わる事件について、「報道協定」を結ぶことを認めざるを得ないだろう。記者クラブが、権力におもねっているわけではないのである。「報道の自由は、どこへ行った」と叫んでいる人がいるが、それ以上に大切なもののために、「自主的な報道ができるのか」ということだ。何でもかんでも秘密を暴けばよいということではないだろう。自主があっての自由である。

なぜ、個人のジャーナリストに通行証を発行しないのか

昨今、一部のフリー・ジャーナリストを中心に、「記者クラブ不要論」などが出てきている。もちろん、記者クラブそのもののマンネリ化、または特権意識などを否定することはできない。では、記者クラブをなくした場合に、その代わりを果たすのは、どういった組織やシステムなのだろうか。まったく代替物なしということで、やっていけるのか。

国会の記者クラブということで考えれば、「国会への通行証を一括交付している」という点に尽きるだろう。「国会記者クラブ」であれば、八〇四枚の通行証をめぐる問題であ

る。通行証は、いくつかの記章とカードがセットになっている。記章の裏には番号が付されており、その番号によって管理されている。これを手に入れられないと、自由な国会取材ができないのであるから、不満を持つ人が出ないわけがない。

ところが、「国会記者クラブ」にあてられた八〇四枚の通行証を発行しているのは、「国会記者クラブ」ではない。記者クラブは、ただ申請の代行を一括して行なうという事務作業をしているにすぎない。では、どこが発行しているのかといえば、それは衆参両院の「警務部」である。私が所持している「両院記者会」の通行証の表側にも、「警務部」と明記されている。

これは、警務上の問題だったのだ。

国会の議場というのは、国民の代表が法案や予算などについて、審議や決議を行なう場である。各委員会室もこれに準じるであろう。議員たちがこのような場で、遅刻・欠席をしたり、携帯電話をいじっていたり、ツイッターをしていたり、居眠りしていたり、私語をやめなかったり、コーヒーを飲みに席を立ったりすることが、そのたびに問題視されてきた。ひどい場合は、議場内での乱闘や「牛歩戦術」なるものがあった。

いずれも、国会のオフィシャルな予定が速《すみ》やかに進行されることを妨《さまた》げる問題行為である。状況によっては、懲戒処分が下ることもある。国会の速やかな進行が妨げられると、審議や決議が遅れ、そのことで国民の生活や外交などに大きな支障を来《きた》すおそれがあるからだ。

「報道協定」によって、人命の尊重が、報道の自由に優先するのと同様に、国会の場において、速やかな議事進行は、個人の自由に優先するのである。とくに国会議員は、「国会議員の職務」をまっとうしなくてはならない。それで、小さな問題行動であっても、厳しく問われる。

ただ、これでも国民の代表である議員だから、大目に見てもらっているのである。本会議は、一般にも公開されている（ただし、外国の元首などが臨席し治安上の問題がある場合や証人喚問《かんもん》など個人問題に関する会議は非公開となることがある）が、ここで騒ぐと、ただちに退去させられる。横断幕やプラカードを掲《かか》げたり、デモンストレーション行為をしたりするなど、論外の反社会的行為とされる。

私たち報道メディアの関係者も同様である。議事進行を妨げた記者は、出入り禁止である。記者だけでなく、彼が所属する新聞社や記者クラブも管理責任を問われる。逆の見方をすれば、国会の警務部は、この記者クラブや法人である新聞社による保証が欲しいがために、記者個人の登録を認めていないのだ。

もっとも記者個人の登録を認めていないのは、「国会記者クラブ」の話であり、他の記者クラブでは、原理上は個人での登録が可能なところもある。たとえば、「衆議院記者クラブ」と「参議院記者クラブ」だが、そのためには、まず、記者クラブの所定の手続きによる参加承認と、その記者に対する議員複数名の推薦（これが「身元保証」に当たる）が必要になる。また、国会内で事件を起こすような分子を排除する目的で、自分の身分証明や家族の経歴なども知らせなくてはならない。その上で、改めて記者クラブからの申請が必要となる。

すなわち「記者クラブの参加承認」「複数議員の推薦」「本人と家族の経歴や身分証明の提出」「記者クラブからの申請」といった四つの承認が必要である。やはりハードルが高いのは、いうまでもないだろう。

あるフリー・ジャーナリストが、本会議開始のベルが鳴っていても、なお議員に対する取材をやめなかった。この件について、取材を受けた議員が属する会派の幹部からクレームがつき、すべての記者に対して取材規制が出されたことがある。

これなどは、れっきとした国会の議事進行妨害である。もし彼が、記者クラブや新聞社に所属していれば、そうした組織の責任も問われたであろう。そうすることで、次の事件の抑止力にもなる。

しかし、問題を起こした記者が個人登録なら、その人を処分して終わりである。また似たような人が現われないとも限らない。いたちごっこである。

簡単に誰にでも通行証の発行を認めてしまったら、その人が、国会内で一大デモンストレーションを行なったり、防衛や外交上の重大機密を入手して漏洩《ろうえい》したりするおそれもある。極端な話、他国のスパイだったら、どうするのだろうか。

かりに、国会取材の個人登録を前提とすれば、「反日的」「反社会的」性向の強い記者は、審査の段階ですべて弾《はじ》かれてしまうことになるだろう。ここでは、「オレは、有名人だから通せ」という無理は通らない。「有名」の中には、「悪名」も含まれるのである。どこの国の国会が、問題の予想される人を迎えいれるだろうか。その一方で、彼が組織へ所属していれば、所属先が認めるかぎり、そういった性向を持つことも本人の自由である。表向きに組織が身分保証をしているからだ。具体的な問題行動を起こさないのであれば、通行証は発行される。

記者クラブのメリット

記者クラブが、新聞を含む報道メディアの集合体であることはここで見たとおりである。単独の新聞社、または記者個人では通せない話が、集合体となることにより、通るようになる。

集合体の力をもって、事実を隠したがる相手に対して記者会見の要求などを行なうことができる。議員たちは、自分の活動報告などは積極的に売りこんでくるが、不都合な問題が発覚した場合は、ほとんど会見に応じないだけでなく、個別の取材にも答えずに隠れてしまう。これこそ国民の「知る権利」を著しく害するものであるから、記者クラブが記者会見を要求することがほとんどとなる。

また、議員の側から見れば、記者クラブを情報の窓口として使えるというメリットがある。何か活動を行なうときにも、個々の報道メディアにひとつずつ働きかけていくのは困難である。かといって、インターネット上に公開したくらいでは、告知力は低い。インターネットというメディアでは、そもそも興味のない情報にアクセスされることはないだろう。これが、記者クラブを通せば一回で済む。あらかじめ登録された記者限定とすることで、効率よく伝えられ、混乱も避けられる。

実際に、記者クラブに対して発表したことで、広く公開された資料や情報は少なくないのである。同時に、勉強会や研究会、情報に対する説明会、あるいは、外国要人との会談といったことなどは、まず記者クラブに伝えられる。国会・委員会の日程やそこでの質問内容、法案提出の日程や内容などもそうである。情報源や主催者側から見て、大多数の報道メディアと記者へ効率よく情報を流す手段として、記者クラブは打ってつけの組織であるといえるだろう。

物理的な部分においても、記者会見の場所として、記者クラブを利用することも可能である。

取材の規制や取材におけるルールなどの徹底も記者クラブを中心に行なわれる。たとえば、国会の中では、原則として写真の撮影は禁止になっている。これには、議員が特定の人物と密談をしている写真が報道されることで、印象操作につながるおそれがあるなどといった理由があるのだが、報道写真と取材記者に限っては、国民の「知る権利」としての写真撮影が許可される。

それでも、私たちが国会内で撮影する場合は、事前に写真の使用目的、写真撮影の場所、写真撮影の対象を申請しなければならない。もちろん、これもすべてが自動的に許可される性格のものではないが、国会開催のたびに記者クラブの名簿を付して申請を行なっておけば、何か特別な事情がない限りにおいて許可されるのである。

この他にも、国会内でとり行なわれる儀式における特別警戒態勢の通知や、国会内の改装、大掃除、あるいは消防訓練の通知などが、記者クラブになされる。施設管理や施設の中における取材の規制から、日常の通知事項まで、記者クラブが中心になって国会の運営管理に協力する形になっている。

一部のジャーナリストによって、記者クラブの弊害《へいがい》が指摘されていても、それでも記者クラブが廃止されないのは、記者クラブには、メディア側としては、メディアの集合体としての要求権を行使し、「知る権利」を充足させられるというメリットが、また、国会や国会議員側としては、情報の頒布《はんぷ》の効率性、管理上のルールの徹底や申請の煩雑《はんざつ》化を避けることなどに一定のメリットがあるからだろう。

記者クラブのデメリット

次に、記者クラブのデメリットについてまとめてみよう。加盟報道機関が、非加盟の組織やジャーナリストを排除するという閉鎖性がいわれている。

記者クラブの閉鎖性と排他性は、加盟報道機関にとってのメリットだけがそのまま特権化してしまい、加盟できない組織やジャーナリストたちにとっては「不当な差別」と受けとめられる場合が少なくない。加盟者に対して、さまざまなルールを求めることが障害となっているのだが、とくに記者クラブへの常駐を求めることなどは、かなり人員的に余裕のない組織や個人にとって厳しい条件となっている。

加盟者が固定されていることで、情報源との癒着もあげられる。もちろん、頻繁《ひんぱん》にやり取りしているわけであるから、それなりに人間的な情が移ることはある。しかし、これは、記者クラブが存在することとは問題の本質が違い、記者自身の人間性や道徳性の問題にすぎない。

実際に、記者クラブに属していない雑誌記者やフリー・ジャーナリストが、所属の新聞記者より、すぐれた報道を成しえる例は多く見た。取材・報道の多様性がむしろ保たれているのではないだろうか。

また、記者クラブに属していない雑誌記者やフリー・ジャーナリストが、特定の政治家に好意的な、どちらかといえば癒着とも思えるような記事を書くこともあるし、あるいは、親しかったはずの記者クラブの所属記者が、暴露記事を掲載することもある。よって、記者クラブに属するということは、記者にとって、議員や大臣と会う機会が多くあるということでしかない。

記者クラブがあることで、記者がスポイルされて育たなくなるという皮肉な事態も出てきている。この問題は、思ったよりも深刻である。たしかに、記者クラブが個々の記者に代わって、事務的な手続きだけでなく、議員のアポイントでも何でもしてくれる。経験や技術のない記者でも、記者クラブに属することで、共同の取材や会見に顔を出し、周りの記者仲間と話をしていれば、記事らしいものはできてしまうのである。

　また、昔は記者クラブそのものが「親睦団体」であったから、その中で先輩たちの話を聞き、怒鳴られながら学んだ。しかし、今の風潮として、違う新聞社やテレビ局の記者に対してものごとを教えることはなくなった。個人主義が進んだことで、先輩の意見に耳を傾けないということもある。何より頻繁な異動で、こういった人間関係を築きにくい環境になった。さらに、社に戻れば、上司や先輩たちにとやかく注意されるということで、新人社員が記者クラブに逃げこむような現象も起きている。

　私は国会の記者クラブに属する側の人間である。どうしてもそちらの肩を持つように思われるかもしれないが、やはりメリットとデメリットの双方が存在するのである。では、現在あるすべての記者クラブを廃止すれば、すべての問題が解決するのかといえば、そうではないだろう。現在ある記者クラブのデメリットを改善していくことが建設的な方法だと思っている。

　ただ、守られなければならないのは、「報道協定」と「自主的報道」の問題であって、「国会の速やかな議事進行」の問題である。これらさえ守られれば、他は変えてしまっていい。ただ、記者クラブの閉鎖性や排他性について不満を述べ立てている人たちは、どちらかといえば、こういった最低限の秩序を積極的に破壊しようとしている人種である。私の周りにいる雑誌記者やフリー・ジャーナリストたちに、こんなことをいっている人はいないことを付記しておく。

アナログだった国会取材

そうした中で「メディアの多様化」という新たな問題がある。いうまでもなくインターネット・メディアの普及とそれへの対応だが、この手の議論をすると、記者クラブというのは「時代遅れの組織」というような感覚を一方的に持つ人がいるので、少しページを割いて話をしてみたい。

そもそも記者の仕事は、もともとは隠された内容を表に暴き出すことであった。そのために、かつての国会取材では、廊下でうずくまっているような記者がいたのである。それも複数である。何をしているのかといえば、通風孔《つうふうこう》から漏れてくる部屋の中の会話を聞こうとしているのだ。録音機材の性能も今ほどよくない時代の話、たくさんの記者が集まって扉に耳を当てていては、中にいる人を警戒させてしまうし、また、後ろのほうの記者は聞くことができない。そのために、うずくまって通風孔から聞くという方式が生まれたのである。今は、さすがにこんな人は見かけない。それでも、扉の前でＩＣレコーダーを操作している姿を見るのは珍しくない。

このようにして得た情報をもって、取材先と記者クラブを行ったり来たりする。それで記者は、「廊下とんび」などと揶揄される。いつも何かネタがないか狙って、廊下でうろうろしている姿を「とんび」となぞらえているのだ。今でも、たとえばエレベーターの中に同乗した記者の姿を認めると、陳情に来た官僚の古い人などは、「廊下とんびがいるから会話は慎め」などといっている場面に出くわす。記者というのは、まったく人の隠したいことを暴き出す卑しい職業である。

そして、昔は「お使いさん」といわれる人が、ネタを書いたメモを持って界隈《かいわい》を走っていた。記者クラブにあるファックスなどを安易に使えば、スクープのネタを他の新聞社に盗《と》られてしまう。そのために、もっとも信用できる社員に、人力で輸送させるということが行なわれていた。今でも、「記者章」とは別に「新聞連絡員記章」というものが存在する。これは、まさにファックスが珍しく、メールがなかった時代の名残りである。

はっきりいって、国会取材ほど「アナログ」なものはない。まさに生身の人間が情報を動かしていたのである。情報を持って走る「お使いさん」にとって、役に立つのが自転車である。国会から有楽町・大手町方面に向かって下り坂になっており、その坂の終点にほとんどの新聞社があった。

有楽町、今はビックカメラになっているが、あそこは「読売会館」で、「読売新聞」政治部の連絡事務所があった。また、その横のマリオンといわれる商業施設には、「朝日新聞」の看板が今もかかったままである。また、「毎日新聞」は竹橋方面、『産経新聞』は新橋方面にあり、坂を自転車で飛ばして夕刊に間に合わせるというのが、新聞の「もっとも新しい情報」の競争なのである。いいかえれば、その情報伝達が可能な場所に、社屋や仕事場を置いていたのである。

夕刊は不要か

さて、新聞には、いまだ夕刊というものがある。朝刊だけで十分ではないかという話もよく耳にするし、実際に夕刊を読んでいる人は少ないという話も聞く。また、そのたいていの内容は、お世辞にも大したものではなく、「購読料を上げるための道具」と考える人もいる。

夕刊の成立にはいくつかの説がある。ひとつには、株式市場や為替相場の終値を報じるためというもので、通信社から配信される経済情報を待ってから作っていたというわけだ。また、ビジネスマンの帰宅の読み物として売り出されたともいわれる。

これとは別に、「お使いさん」の時代から、午後一時から始まる国会の本会議の様子を仕入れて、自転車で運べば、ちょうど間に合わせられるのが夕刊という考え方がある。つまり夕刊には、国政の最新の情報が入るのであり、その本会議の前後に議員たちが話したことや、あるいは本会議における法案の審議または採決の様子などを、いち早く報じていた。

そして、政治部のスクープがあったころは、そのスクープを報じるために、夕刊は必要であった。いいかえれば、政治記事の「号外」のような意義も担っていたわけである。もっともたいていの夕刊には、さしたる記事も情報も載らないのではあるが。

それでも、何かあったとき、運よくスクープが入ったとき、夕刊は、いまだ自由度の高い紙面として有用である。そんな瞬間を待ち望みながら、各新聞の取材力を見せる場所として夕刊は残っている。

インターネット全盛の時代、夕刊のみならず、新聞という存在が「時代遅れ」かもしれない。では、不要なのか。

まずもって、「紙で残る」文章は、貴重な存在である。インターネットやテレビなどの情報は、どうしても「消えて」しまう。このようなことをいうと、ハードディスクに残せばよいという反論があるかもしれないが、逆にいうと、「残そうとしなければ残らない」メディアである。

阪神淡路大震災や東日本大震災の直後のことを思い起こしてほしい。電気がなく、機器が存在しない、存在しても動かない状態の中において、紙で情報を伝える、生存を伝えるということの重要性が、再認識された。

そして、従来の「配る」ばかりではなく、新聞黎明《れいめい》の時代にあった「壁に貼る」「みんなの集まるところにおいておく」などさまざまな方法をもって、もっともアナログな方法でありながら、情報を確実に伝えることができた。

もっとも「朝日」や「読売」といった全国紙は、被災直後の現地に情報を届けていない。しかし、共同通信社のある記者は現地入りし、被災者たちに「壁新聞」の提供をした上で、その作成方法などを伝授した。

ということは、時代遅れなのではなく、新聞とインターネットやテレビといったメディアとは、基本的に負う役割が異なるといえるだろう。しかし、実際に新聞というメディアに所属する者が、そういった自覚を持てていない。そのために、新聞そのものが有している特徴を見直さず、インターネットやテレビには対抗できないといった一面的な感覚を整理できていないのではないか。

インターネットの落とし穴

インターネットによる報道（または情報提供）には、基本的には、さまざまな人が無限の情報を出すという特徴がある。そのために、情報の総量は、新聞各社などが出すものに比べてはるかに多い。

また、新聞などが情報源や取材対象として扱っている人物（あるいはその身内）によって直接書きこまれた情報がある。そこでは、背景知識や、事件の真相、または当事者の心理などが、他メディアの報道よりも詳しく表わされている場合がある。他人が取材を通してそれら主観的な内面までを導き出すのは、よほどの信頼関係がなければできないことだろう。

ブログやツイッターなどを用いれば、短い時間、少ない文字数で、気軽に書きこむことができるのだから、その事件の前後における主観の変化なども、そのたびに映し出されるということになる。

新聞からは、そこまでの当事者情報や多面的な情報を得ることはできない。ひとつには、紙面に限りがあるということがあげられる。そのために、入手した情報を取捨選択しなければならないし、インターネットほどの多面性も表現できないのである。

また、印刷と配布のため時間が必要なので、インターネット上に書きこむよりもはるかに手間がかかり、また何重もの審査を経なければ、表に出すことができない。

以上の話は、これまで何度も論じられてきたことである。インターネットは、新聞など、既存の紙メディアに対して圧倒的な優位性があり、いずれは、すべての情報がインターネットに置きかえられてしまうのか。ただ、インターネット上の情報には、大きな落とし穴がある。

そこで、当事者が直接書いたから、正しいのか、信じるに足るものなのかという疑念が生じる。近ごろ取り上げられているのが、有名人のブログなどに見受けられる「やらせ」や「ステルスマーケティング」の問題である。

「やらせ」は、実際に起こったことのように見せかけた「嘘」である。新聞でいえば、捏《ねっ》造《ぞう》記事である。「ステルスマーケティング」は、一見わからないようにして、巧妙に広告を混ぜこむ手法である。有名人が「使ってみたら、よかったよ」といって見せている商品が、実は金銭を受けて掲載しているのであって、本人は使ったこともないというものだ。まったく馬鹿にした話である。同様の手法は、他のメディアでも存在するが、まともなメディアであれば、「これは広告（PR）です」と断《こと》わっている。つまり「ステルス」（「こっそりと忍びこむ」の意味）ではない。

こっそりと宣伝するのはなぜかといえば、そのほうが売れるからである。消費者をだましているのだ。社会的に影響力のある人が書きこむことで、読者も信用してしまうから、タチが悪い。

新聞や既存メディアにも「やらせ」「捏造記事」「偏向報道」はあるが、それでも最低限の「良識」というフィルターを通すことが前提となっている。「だまし」がたまにあるから恐ろしいともいえるのであるが、少なくとも「だまし」が野放しになっていることはない。それが、インターネット上では、書きこみをしている当事者が「やらせ」の常習犯であったり、犯罪者の手先であったりする場合もある。

また、「やらせ」や犯罪ではなくても、当事者が書いたことであるから、真実であるとは限らない。人間とは、「嘘」をつく生き物だ。とくに自分にとって都合の悪いことが起こると、平気で「嘘」をつく。「嘘」でなくとも、「建前」をいう。記者会見の席上でも、そうだった。ブログやツイッターだから、信用できるわけではないだろう。

また、インターネットの特徴として、その「気軽さ」や「匿名性」ゆえに「自由にものがいえる」のであるが、気軽であり、匿名であることで、発言の責任感は薄れるという事実はまぬがれようがないだろう。情報の信憑性《しんぴょうせい》において、大きな問題が出てくる。記名で書かれていたとしても、その人が実在しているかわからないし、本人に成りすます「偽《にせ》者《もの》」も多くいるのである。

わかっている人は、インターネットのこういった問題点を織りこみ済みで活用しているのだろう。ただ、大多数の人は、ものの見事にだまされてしまう。

この点、新聞のような報道メディアでは、記者が当事者の話から「真実の部分」を炙《あぶ》り出し、記事を書く。それをさらに多くの編集担当者や校閲《こうえつ》担当者が目を通し、その記事を表に出してよいかどうかを見極める。少なくとも何人もの「第三者」が関わっているのである。「他人がよけいな観点を差し挟むにつれ、情報の価値が薄れる」という考え方は誤っている。初期情報を鵜呑《うの》みにすることほど、危険なことはない。

ただ、当事者から正しい情報を抽出するためには、抽出する側の理解度が高くなくてはならない。これが、現場にいる記者の資質の問題へと直結するのである。要するに、この能力をキープしていくことが、新聞など報道メディアの生命線なのだろう。

第三章　なぜ、通信社と広告代理店が必要なのか

「通信社」の誕生

第一章で、政治部と社会部の違いに関して記したが、この他に政治に関して報道する部門としては、「国際部」という存在がある。国際部はその名称どおり、海外で発生したものであれば、社会的事件、政治の動き、経済的事象など、すべてのジャンルを扱う。

新聞草創期の紙面には、もちろん国際部のような存在はなかった。そもそも鎖国をしていた江戸幕府の末期の外国との関係において、民間人が新聞記者とはいえ国際的な活動を行なうことは、基本的には不可能であった。大多数の民間人は、開国して外国人が闊歩している日本国内において、外国というものどころか、自分の生まれ育った町以外を知らないで死んでいく人は少なくなかったのである。

では、外国に関する情報はどのようにもたらされたのか。基本的に日本の街中を闊歩して歩く外国人の伝承だけが頼りであった。そのために、さまざまな誤った情報や極端なもの、中には想像の産物と思われるような内容も少なくなかった。そもそも外国人ではなく、「南蛮人」と呼称していたような時代である。その正確な情報を得ることは難しかった。

明治維新以降、日本は徐々に外国との関係を深めてゆく。そもそも「富国強兵」も、日本を欧米列強に引けをとらない国にするためであり、それはまさに江戸時代に締結した不平等条約を解消するために他ならない。欧米列強といわれる国々の植民地にならないようにするためには、欧米列強と肩を並べる国力を持たなければならなかったのである。

そこで日本は、多くの外国の情報を得るとともに、外国の情報を得ることのできる日本人を募《つの》った。まず各国に大使や公使を派遣し、つづいて情報機関を置き、そして新聞などのメディアを民間レベルで入れてゆくということになり、その国の情勢を伝えるようになったのである。

この流れは、戦後になっても変わりない。外国まで日本人が行って支局を構えて常駐し、毎日情報を日本に送付するには、非常に多くのコストがかかる。政治的な折衝《せっしょう》もあるし、それぞれの国における文化や宗教、習慣などの知識も必要だ。国家における機密や禁忌に対する意識も違ってくる。そのように考えた場合、日本人の駐在員が現地へ入って、すぐさま当該国の正確な情報を得るということは難しい。

このようなときに、「共同外電」に頼る方法が、手っとり早い。「ロイター」といえば、聞きなじみがあるのではないだろうか。この「ロイター」は、創業者であるドイツ人の名前を社名にしているが、イギリスの会社である。

遠く離れた外国の情報を得るのは、日本に限らず、欧米でも同じであった。明治に入って、日本の情報を得るために、駐在員をはじめて日本に置いたのが、この「ロイター」だった。

要するに、この「ロイター」の駐在員を通して、「ロイター」と契約する全世界の新聞社に日本の情報が発信された。これが、「共同外電」のシステムで、外国に置かれた駐在員は、その国の第一の専門家となる。「ロイター」は、各新聞社が外部に設けた共同取材組織だといえよう。日本の新聞社も、外国の情報が欲しければ、「ロイター」と契約することで、簡単に得ることができた。

このシステムのおかげで、たとえば新聞社が、独自に日本人の駐在員を派遣していたとしても、「共同外電」の記事と照らし合わせることによって、日本人駐在員が伝えた情報の間違いや、解釈の違いなどを確認することができた。

このように、地理的あるいは物理的なギャップを超えて情報を共有するための組織を

「通信社」という。名称から判断して、情報を「配信」するところに目を奪われがちだが、代表して記者やカメラマンを現地に送り、入手された情報を複数社で共有するという点が重要なのである。これを専門的にやってくれる会社が、「通信社」だ。

一八三五年、世界初の近代的通信社は、パリに設立した。「アヴァス」である。この社名も、創業者であるフランス人の名前から取られた。まだ、電信電話による通信網が確立されていなかった時代、「アヴァス」は、「伝書鳩《でんしょばと》」によってヨーロッパ各国を結んだ。

若い人には、「伝書鳩」といっても、ピンとこないかもしれない。鳩に文書や写真を持たせ、空に放つと、その帰巣《きそう》本能によって目的地まで正確に到達する通信手段である。ちょっと驚くが、鉄道などを使うよりも、ずっと効率的な方法だった。日本でも、戦後まもなくまで「共同通信社」が使っていて、今もその剝製《はくせい》が残っている。

あらゆるニュースの中で、もっともスピードを要したのは、株式や商品市場の相場など、経済に関するものである。鳩の活躍によって「アヴァス」が提供した経済速報が、多くの投資家によって注目されると、各新聞社もこぞって契約したのである。

その後、「アヴァス」の社員が独立して、一八四九年に「ヴォルフ」が、一八五一年には「ロイター」が生まれ、三強時代を築く。「ロイター」のあったイギリスは、通信先進国である。イギリスとフランスとは、海底ケーブルで結ばれたばかりだった。

ヨーロッパを戦火が襲うと、三大通信社は衰微していくが、これに代わって頭角を現わしてくるのが、アメリカの通信社だ。よく知られているのは、「AP」(Associated Press)であろう。これは、その名からわかるように、数社の新聞社が連合して設立したものである。「ロイター」が牛耳っていた日本に、「AP」が乗りこんできたのは、一九三三年のことだった。

「電通」「時事」「共同」

日本でも、第一回の帝国議会が開催されたときに、国会の取材記事などを配信する通信社のような存在がいくつもできたが、近代的な通信手段を構築できなかったため、その多くが淘汰《とうた》されていった。取材内容が似たようなものになると、スピードで差をつけるしかない。「すでに知っている情報を買う」ことはないからだ。

そんな中、明治三十四年になって登場したのが、「電報通信社」である。創業者の光永《みつなが》星郎《ほしお》は、日清戦争の従軍記者をしていたとき、中国から送った記事が、期日どおり本国に届かないという経験をしたことで、その必要性を感じる。

いざ通信社を設立する際には、通信手段を確保するのに多額の資金が必要だった。その資金を得るために、光永は広告代理店を併設する。この広告代理店の部分が、現在の「電通」の母体となる。現在の「電通」が広告代理店でありながら、まるで通信社のような社名を持っているのは、こういった経緯による。

時代は昭和に入り、戦争の気運が高まってくると、政府によって、情報通信を統制するための一元化が進められた。「電報通信社」は、もうひとつの通信社と合併させられ、「同盟通信社」となった。

そして、終戦を迎えると、今度は「大きいものは解体する」というGHQの方針に従う形で、「同盟通信社」は自発的に解散し、二つの通信社に分かれた。それが、「時事通信社」（以下、「時事」）と「共同通信社」（以下、「共同」）である。

両社は、双子の兄弟でありながら、GHQに目をつけられないように、徹底して違うタイプの法人に変わらなくてはならなかった。「時事」は株式会社だが、「共同」は社団法人である。また当初は、「時事」が株価情報などの経済通信を担い、「共同」が一般の報道通信を担い、棲《す》み分けを図った。

一般報道部門を担った「共同」は、世界大手「AP」「ロイター」などと結び、配信量も増えていった。また最初のころ、中国「新華社」の記事を世界に配信していたのは、「共同」である。

この「共同」は、社団法人であるため、原則的に非営利の会社である。配信した記事ごとに使用料を取る方式ではない。配信を希望する新聞社などを「加盟社」とし、その中で「分担金」を割りあてて運営しているのである。テレビ局では、NHKが加盟しているため、他の民放各社は加盟していない。

一方、「朝日」や「読売」といった大手になると、多額の分担金を割りあてられているにもかかわらず、国内の一般記事などは自前で調達できるから、費用対効果が低い。ということで、途中で加盟するのをやめてしまった。今も一部で契約関係はあるものの、この新聞大手二社は加盟社ではない。

そこで、新聞社の中には、「共同」に加盟していない（できない）ため、「時事」から記事を買うところが出てくる。「時事」は、長らく経済通信が主力だったが、今やほとんど同じような仕事内容になっており、一般の記事も配信している。

しつこくジャーナリズムの歴史、記者クラブの歴史、通信社の歴史について話してきた。当然に、それらの歴史の積み重ねによって、現代日本の情報空間の歪みが生み出されているということだ。これらを理解していなければ、現在の新聞業界・報道メディアの世界の問題も理解できない。とくに、戦争と敗戦後のGHQの政策がもたらしたものを読み解く必要がある。

なんとなく新聞やテレビの報道がおかしいと思っているし、横並びの報道を批判する人も多いが、そのようになった理由を考えるときに、どういうわけか、歴史から紐解《ひもと》く人は少ない。

取材のアウトソーシング

通信社の仕事といえば、真っ先に思い浮かべるのは、やはり「共同外電」という言葉に象徴される外国の取材・報道の配信だが、通信社が、国内の記事も扱っていることは、一般にはあまり認識されていない。通信社をめぐる問題は、むしろこちらにあるといってよいだろう。

海外に加え、国内を扱うとなれば、通信社はすべての記事を配信していることになる。まさに、新聞社の記者が担う業務を代行しているのだ。だから、通信社が大きくなりすぎれば、新聞社の通信社への依存度は高まり、情報は寡占化されることになる。読者は、新聞という窓口を経て、通信社の価値観やものの見方だけを読んでいることになる。もはや報道をしているのは、新聞社なのか、通信社なのか、といった事態になる。

結論を出す前に、ここでは具体的に、国会の中において通信社がどのような役割を果たしているのかを見ていこう。

国会における通信社の歴史は、第一回帝国議会から始まる。そもそも帝国議会の取材が大幅に制限されていたことはすでに述べた。この点は現在も同じだ。通信や取材の自由がないことに不満をいうジャーナリストもいるが、国会では、国権の最高機関の仕事を行使することが、国民の「知る権利」よりも優先する。

かつての帝国議会のように、極端に取材が制限されたところの取材を行なう場合は、多くの新聞社が共同で数名の記者やカメラマンを出す。その情報を参加した新聞杜が共有するということになる。これが、そもそもの始まりとなった。

現在でも、フリー・ジャーナリストだけでなく、すべての地方新聞の記者たちが、国会取材を行なうということはできない。また、小さな地方新聞社の場合、東京に支局があったとしても、多くの記者は政治部専任ではない。ひとりの記者が、政治面も社会面も経済面も兼務しなければならない状態がある。

これでは、どんなに優秀な人であっても、よほど計画的にすべてのものごとに当たったところで、処理しきれない。しかし、新聞記者の仕事などというのは、突発的な事件があれば、そこに駆けつけて取材をしなければならない。突発的なことで動かなければならないということは、計画的にものごとを進められないということを意味している。とても定期的な国会取材など、できないであろう。

どうしても物理的な取りこぼし、取材できない部分が出てきてしまう。そのために、通信社による記事の配信を借りなければ、紙面が成立しないことも少なくないのである。

地方新聞社の経営から考えると、支局を設け、駐在員を増やし、常駐させるよりも、通信社から必要に応じて記事を買ったほうが効率的という選択になる。まさに、「取材のアウトソーシング」が日常的に行なわれているのである。

「万人受けする」の意味

逆にいえば、通信社が取材対象にするということは、どうしてもネタとしてメジャーなものであり、誰もが一定の興味を持つ内容が多くなってしまう。スクープよりも、他社報道の後追いで、反響のあった記事について拡充するような記事が多くなりがちだ。

つまり、表面的に「万人受けするような記事」ということになるが、ここでいう「万人受け」という言葉には、なかなかのまやかしがある。そのことで、「地域性」や「特殊性」といった要素は無視され、ただ有名人の行動を重視する、よく知られた現象や事件を重視するということに他ならない。そうでないと、記事が売れないからだ。

ここで、「万人が読みたい」の解釈をめぐって、記事の買い手である新聞社と実際の読者との間には、意識のズレが生じていることは疑いの余地がない。

地方新聞を例にとって考えた場合、読者が、自分の地方選出の議員の活動などを読みたいと望んでも、その選出議員が何か目立った事件でも起こさなければ（国会の場合は、派手な質問や相手を追い込むような質問、あるいは問題発言、問題行動など）、通信社の取材対象となることはないのである。

そのために、地域性や特殊性のある記事を作るためには、どうしても新聞社が記者を派遣しなければならないということになる。ただ、新聞社がなんとなく、「このていどでよいか」と考えていたら、何の疑問もなく、通信社の記事配信を受けるだろう。

通信社の場合、もうひとつは「番記者」のような存在が少ない。あえて少ないと書いたのは、それでも総理大臣番記者などは置かれているからである。しかし、有名政治家の番記者ですら、あまり存在しないのが現状である。さすがにそこまでの余裕はないようだ。

通信社の存在意義は、ある意味において、「万人受けする」と新聞社が考えるような記事を書く記者のアウトソーシングといいかえられる。そのため、自前で記者を出すことができるような大手新聞社にとっては不要であり、どうしても自前の記事に事故があった場合の保険やスクープが落ちたときの代替記事のような役割になってくる。

通信社利用の実際

国会取材においても同じである。大物政治家の新党結成、首班指名、与野党の党首選挙の結果など、もともと予定が決まっており、その上、国民がすべてその場面を期待しているものに関しては、加盟するすべての新聞社や通信社が集まることになる。

通信社が配信するのは、文章による記事だけではなく、写真の提供もある。国会取材の場合は、むしろ写真配信のほうが多くなる場合があるのだ。通信社の記者やカメラマンは、何回も同じような環境を経験しているし、たいていの新聞社の支局員とは違って、毎日国会に担当者を置いているから、もっとも写りのよいポイントを知っている。たまにしか国会に現われない新聞社のカメラマンよりも、よい写真を撮ることのできる可能性が高い。

地方新聞の中には、記者だけを派遣し、カメラマンは帯同させず、はじめから写真は通信社から購入するつもりでいるところもあるくらいである。また、在京の大手新聞でも、たまに通信社配信の国会写真が採用されていることがある。

一方、毎日ある予算委員会やそのほかの常任委員会となると、その委員会の中で何が話されるかあまりよくはわからない。突発的に閣僚などの爆弾発言も存在するのであるが、その発言すべてを網羅したいのなら、すべての委員会に常に取材を入れておかなければならない。地方新聞にとっては、そのような人的、設備的な余裕は存在しない。そのために、通信社がこれらの取材および写真の代行を行なうという形になるのであろうか。

このことから、基本的に、通信社は国会の中で他の新聞社と同じように取材を行なう。実際に、私も通信社の人たちと話をするが、政治部と社会部で仕事の役割が違う点も含めて、通信社記者と新聞記者の取材は、ほとんど同じであるといってよい。また、文章を作って配信することも含めて、記事の作り方などもほとんど同じである。

唯一違っているのは、記事原稿を書く際に、紙面の幅もしくは編集のことをそれほど気にしなくて済むことくらいであろう。一般の新聞の場合では、自分の取材した内容を記事にするに当たって、紙面に載ったとき、どれくらいのスペースをとるか、ということなども含めて文章化する。取材も、スペースの大小、文章の長短に合わせて行なわれる。できる記者なら、「あの記事が落ちたときのために、もう少し取材しておこうか」という配慮ができる。決められた文字数、決められた行数という発想がいつも頭の中にある。

これに対して、通信社の記者は、自分の作った文章がどのような紙面になるのか、わからない。それは、お客さんである配信先の都合、編集作業上の選択しだいであって、通信社が気にかける問題ではないのである。

そのため、配信記事は、「大」「中」「小」の三パターンくらい、文字数を変えて作られ、それぞれ値段をつけている。長い文章は、背景や環境、関連事項なども記載し、ひとつの大きな記事として成立したものだ。短い文章は、用件だけまとめてある。あとは、新聞社の編集担当者が、スペースに合わせて、適切な長さのものを選ぶだけである。いくつかの記事を組み合わせて、ひとつの大きな記事に見せるなど、その使い方はさまざまである。

通信社の記事や写真を利用するには、守らなくてはならない条件がある。

一、記事を勝手に加工・編集しない（著作権は通信社側に存在するため）。
二、通信社名を紙面に記載する（写真の場合も同じ）。
三、記事の料金を払う。

「共同」配信のものは、別途の加盟や契約の手続きが必要になるが、その他の通信社が配信するものであれば、どの新聞社も、そのたびごとの簡単な手続きをして、以上の三つの条件を守れば、効率的に記事や写真を利用できる。

一個の記事を得るために、相当の人件費と取材費を要する。これが、沖縄や北海道からの取材ということになれば、海外へ出向くのと変わらないほどの費用がかかるだろう。それを考えると、紙面を通信社からの配信記事で埋めるのは勇気のいることではあるが、いったんそれを許すと、歯止めが利かなくなってしまう。

新聞によっては、通信社の配信記事への依存度が高すぎて、通信社のクレジット（紙面記載）をいちいち入れていられないという問題が起こってくる。だから、独自取材記事のように見えて、実は全国共通の配信記事ばかりだったということが、往々にしてある。しかも、このことを通信社も黙認している。顧客を失いたくないからだ。

通信社の配信記事は、それだけに頼るのではなく、少なくとも新聞社の独自取材記事と合わせて用いる必要があると思う。

ろう。

「社説」の独立性が危ない

事実を「公正・公平・中立」に伝える義務があるというのが、新聞報道の「建前」であろう。

しかし、唯一の例外といえるのが、「社説」である。だいたいが、「社説」「論説」などといった断わりがされており、新聞社としての意見表明ということで、署名はない。また、一面の下にあるコラムも似たような立場である。こちらは、「編集手帳」「天声人語」「余録」「春秋」といった個性的なタイトルがつけられ、内容も軽めになっている。一般には、むしろコラムのほうが親しみやすいかもしれない。

いずれにせよ、新聞にとって「社説」というのは、その論説委員が、独自の観点から、自分たちの主張、新聞社としての意見表明を行なえる数少ない場所だ。つまり、事件や事故、報道した内容をただ論説する場所ではない。

「主観的」が前提の場所であるから、政治的立場がわかるように書くこと、あるていどは「偏向」して書くことも認められている。だからこそ、「ここは社説です」と断ってあるのだ。新聞によって、主張のパターンやトーンも決まってくる。それが嫌な人は、読まなければよいのである。もっとも、社説やコラムが気に入らなくて、なおかつ、その新聞を選択する人は少数派であろう。そのぶん、一般記事は、「公正・公平・中立」でなくてはならない。

そして、一般に強く認識されることはないが、通信社にも、「社説」を書く人がいて、それを配信している。この通信社の「社説」が問題なのだ。

通信社というものは、「万人受けする記事」を配信するという前提で活動している。その「社説」もまた、客観的事実という点において、とくに問題はないものの、それを利用する新聞社の論説委員が、「通信社の社説」をまるで「模範解答」であるかのように考えてしまう場合が少なくない。そのために、地方新聞の「社説」が、ほとんど通信社のそれと同じになってしまうという現象がたまに起こる。

基本的に、地方新聞の編集委員や論説委員は、現場を見ていない。現場を見ていない人が、現場を見て書かれた通信社の記事の「空気感」に影響される気持ちも理解できないわけではない。

さすがに「通信社の社説」をクレジット入りで掲載するわけにはいかない。それで率直にいえば、「通信社の社説」を参照して、その内容を拝借しているのだ。しかし、一字一句同じでなければ、まず大きな問題になることはない。

その結果、地方新聞の読者たちは、そのような事情も知らずに、全国共通の画一的で、主体性のない（パクリ同然の）「社説」を読まされることになるのである。そもそも「社説」というくらいだから、新聞社の顔となる場所である。主観的か、客観的かは各新聞が決めればよいことだが、少なくとも独自の観点をもって編集すべきであり、他社の説に影響されるというのは、ある意味で、新聞社の独立性や、報道の独立性に問題が生じるということになるのではないか。

新聞と「広告代理店」

電通は、通信社から「広告代理店業」に鞍《くら》がえして、今や広告業界の七〇パーセント以上のシェアを持つ巨大企業に成長している。現代の新聞にとっても、広告はそれほど重要なのである。

あまり質の良くない紙に黒インクで印刷された紙束が百数十円もすることに高いと感じ

る人がいるかもしれない。しかし、材料や運送にかかる費用だけでなく、情報の入手に要した費用、社員の人件費などが、すべて購読料から調達できているのかといえば、そうではない。新聞社も、広告収入なしでは成り立たないのである。

そして、新聞の購読料収入の低下のみならず、広告収入の減少が、新聞社の経営を直撃する要因になっている。紙面を見ると、どのページにも広告は入っているようだが、一件の広告料が正値から大きく割り引かれているのだ。

まず、新聞の広告料は、どのように決まっているのか。そこから見てみよう。

ひとつの変数は、「面積」である。もちろん面積の大きさに比例して、広告料も高くなる。新聞の記事は、縦書きで何段かに分かれている。新聞によって多少違うが、「一段」が一二文字ほどで形成され、これが「一面」につき十数段あるのが一般的である。これを何段使って、一面の左右をいっぱいまで使うか、半分だけ使うかによって面積が変わっていく。たとえば、縦を四段使って、横を左右いっぱいなら「全四《ぜんよん》」、縦を五段使って、横を半分だけ使う場合を「半五《はんご》」というふうに呼んだりする。

もうひとつの変数が、「配布部数」である。「読売」や「朝日」のような全国紙であっても、印刷所ごとにその編集内容を変えているので、関東地区だけというような「地域限定」の広告と、「全国統一」という、二通りの広告方法がある。もちろん大手新聞に全国で広告を打つとなると、たいへん高額だ。一方、関東地区のような地域より小さなエリアでの広告は、折りこみチラシのような形態で入れる以外には方法がない。折りこみチラシに関しては、各配達所ベースで行なえる。

要するに、「広告収入＝紙面占有面積×配布部数」という式になる。この数値を高く見積もるには、配布部数を上げるしかない。大手新聞社が部数でしのぎを削っているのは、見栄の部分もあるかもしれないが、広告収入増大の面も否定できない。

新聞の営業には、二種類ある。購読の勧誘と広告の掲載である。購読の勧誘については、なじみがあるだろう。これは、新聞社の営業部というよりも、地域に密着した配達所が中心に行なうものであり、地域に密着した、さまざまなサービスなどが付帯するようになっている。

一方、広告掲載の営業は、新聞社本体の営業部の仕事である。広告の宣伝効果を営業して回るのだが、ただし、大手新聞社ならまだしも、中小の地方新聞となると、配布部数も少ないことから、広告料も安く、それだけに人員を割いてはいられない。営業どころか、広告の制作もままならないのである。

それだけでなく、広告を出す予算のあるような会社は、本社が東京にある場合が多い。この場合、広告を出すかどうかの決定や、広告物の確認などは、東京本社で決裁されるため、営業部を東京に置かなければならなくなってしまう。そこまでの余裕を持っている新聞社は少ないということがいえる。そこで、電通のような広告代理店が、「営業部のアウトソーシング」として活躍することになる。

実際の流れとして、広告を出したい会社は、広告代理店を通して、その広告の対象物（商品やサービス、イベントなど）の内容と意向を伝えれば、あとはすべてやってくれる。広告代理店の担当者が、キャッチコピーなどを考え、予算に応じて広告媒体（たとえば新聞など）を選択して提案する。

ただし、広告代理店が通信社と異なる点として、広告は「新聞社の経営上、不可欠なもの」であっても、「新聞の構成上、不可欠なもの」ではないということだ。ただそれは、他の収入先が順調であればの理想論で、広告を減らすという選択肢はあり得ない。広告掲載会社は、いうなれば、新聞社の大切なスポンサーなのである。

広告スポンサーの不祥事を報道できるか

「広告掲載会社は、新聞社の大切なスポンサー」といっても、それが報道対象となった場合はどうするのだろう。大切なスポンサーの不祥事、関連事故や事件を記事にしなくてはならない場面は多々ある。

まず、単発的な広告主であれば、このことが障害になることはない。たとえば、一回限りのイベントの広告を出したといって、そのイベントの不祥事が報道されないということはない。むしろ、そのような問題性をはらんだイベントを記事化したことの問題に目が行くだろう。

広告は「新聞社の経営上、不可欠なもの」であっても、「新聞の構成上、不可欠なもの」ではない、という原則が有効である。

であるから、定期的な広告掲載会社の場合であっても、あまりにも社会的な影響力の大きな事件であり、強い問題性が認められたということであれば、広告掲載を打ち切って、その事件の報道が優先されるだろう。実際に、消費者金融の武富士《たけふじ》や商工ローンの日栄《にちえい》の事件の際にも、報道は行なわれた。政治家の疑獄事件を起こしたリクルートに対しても、その関連の広告掲載を打ち切って、報道は行なわれた。

また、航空機の墜落事故やハイジャック事件が起これば、航空会社の名前を出して報じることに躊躇《ちゆうちよ》はない。これは、社会的重要性が高い事故などの場合である。広告掲載の有無は無関係である。

その一方で、軽微な事件、または「疑惑」報道など、その内容に関しては、スポンサー会社であることを重視する傾向が強い。つまり、広告掲載が定期的にあったということで、一部の報道がストップ、または扱いが小さくなることがある。そして、社会的な影響力が強い事故や事件が起これば、事実報道だけはしておくという「微妙な立場」である。

記憶に新しいのが、原子力発電とそれにともなう電力会社に関する報道だろう。

前提として、東日本大震災が発生し、福島第一原子力発電所の事故が明るみに出るまで、テレビ局を含む報道メディア各社は、東京電力など電力各社の広告を大量に掲載していた。ところが、事故後は、その報道体制が明らかに変わったのだ。

東日本大震災直後の数日間は、新聞もテレビも広告掲載がほとんどなくなった。このような大惨事が起きたときに自社商品の広告を掲載することそのものが不謹慎であるという風潮が流れた。花見なども自粛された。その途中で、東京電力の広告掲載がなくなっていても、そのことは大きな関心を持たれなかったであろう。

ただし、この「広告がない」という状態によって、基本的には、各新聞社ともスポンサーに左右されない報道を行なうことができた。「ちょっと控えてもらえないか」という圧力が、まったくないのである。そのために、都内のコンビニエンスストアから商品が瞬時のうちになくなったことも、ガソリンスタンドに石油がなくなったことも、物流インフラの欠陥やエネルギー供給体制の不備の問題として白日のもとにさらされた。

そして、原子力発電所の事故である。それまで優良なスポンサーであった東京電力も、事故の加害企業として報道された。自粛もあったであろうが、そもそも膨大《ぼうだい》な賠償金の支払いの準備が必要なだけでなく、火力発電を緊急に稼働させるため、燃料確保に要する費用などで、広告掲載の継続は困難になった。東京電力ほどではないが、他の電力会社も同様である。

ちょうど一切の企業広告が自粛されている間に福島第一原子力発電所の事故が発生したのだが、他の広告が復活したのちでも、スポンサーとしての継続性がなくなった各電力会社に対する、各メディアの報道は厳しいものがあった。ついに、首相官邸前の「反原発デモ」が報道される状態にまでなったのである。

これまでの報道メディアの立ち位置を考えてみれば、「福島」以外のすべての原子力発電所については、危険度において、東日本大震災以前と「変わっていない」はずである。また、過去に東海《とうかい》村臨界事故などがあったときも、各電力会社の重要スポンサーとしての地位は変わらなかったことから、反原発運動が大きく報道されることもなかった。原子力発電やその施設の問題性について、恒常的に報道していなかったのである。

にもかかわらず、今回の事故だけが特別な扱いを受けたのは、なぜか。反原発運動がことさら大きく報道されるようになったのは、なぜか。

それは、事故の被害状況が大きく、国民へ与えた衝撃度があまりにも高かったからに他ならない。状況を敏感に察したメディアは、この間、「反原発」以外の視点による報道をまったくといっていいほど行なっていない。それまでメディアと電力各社の癒着を見せられていただけに、かえって今回の件が、日本の報道の不全を印象づける結果となった。

しかし、大きな声がするほうに乗っかり、国民の顔色をうかがったつもりで、「偏向報道」をしてみたところが、民意はかけ離れたところにあった。直後の衆議院選挙では、脱原発を争点にした候補が多く落選したが、同じように、報道メディアに対する不信も積もっているに違いない。

今回の件からいえることは、重要なスポンサーとして、新聞社などメディアの経営を左右するまでの広告掲載を継続的に行なう場合、「リスク」や「疑惑」のレベルでは、基本的に報道は自粛されるが、「大きな社会的事件」となれば、スポンサーといえどもしっかりと報道は行なわれる。さらにこの先、スポンサーとして復活する見込みがないと判断したら、まさしく手のひら返しで、大きく扱われる可能性があるということだ。

同様の関係は、新聞社と広告代理店との間にも適用される。とくに大手広告代理店の仕事は、新聞社の経営の根幹に直結するから、各新聞社がその「リスク」や「疑惑」を報じることはない。何かあっても、「報道できない」ということになれば、そこには必ず癒着が発生している。そのような「疑惑」は見受けられても、なかなか表に出てこないのが現状である。

また、新聞社と通信社の関係も同様である。通信社が、重要な顧客である新聞社やそのジャーナリズムにとって、不利に働くような記事を配信することは絶対にない。

第四章　なぜ、新聞は批判されるのか

報道メディアの「建前」

日本のジャーナリズム精神は、対象を批判することで成り立ってきた。ところが昨今では、批判していたはずの報道メディアが、おもに保守系雑誌やインターネット上において、論客・文化人といわれる人たちにより、批判されている。

とくに新聞に関していえば、そのような批判が公然と行なわれることを想定していなかった。おもに雑誌ジャーナリズムが、お家騒動とか、販売店のノルマや「押し紙」の問題など、組織腐敗をスキャンダラスに暴くものはあったが、報道そのものに対する批判はそれほど目立っていなかった。

報道メディアには、「建前」がある。日本国憲法上に「表現の自由」「言論の自由」が明記されており、「報道の自由」はそこから導き出されるものである。一方で、その「報道の自由」は、国民すべての「知る権利」を充足しなくてはならない。それはまさに、報道機関が報道機関のための権利を主張するのではなく、国民の「知る権利」の代表者として報道する義務を果たさなければならない。

そのために、報道機関は、「公正・公平・中立」を旨とし、そのためには、国家権力に屈せず、国民の利益に適《かな》う報道姿勢を理念とする。

さらに、報道機関じたい、電波通信や圧倒的な情報網という公共財を用いて事業を行なっており、当然に「社会性」「公共性」を有しているということから、大災害や戦争、テロなどの有事、公共交通機関の事故など、国民の生命、身体、財産にかかる緊急事態が起こった際には、より広く国民に知らせる義務を負っている。とくに新聞社や放送局などは、「災害対策基本法」や「国民保護法」などを根拠に、指定公共機関ないし指定地方公共機関として、これら有事報道の義務があり、正確に情報を伝えなければならない。

このような内容が、報道メディアの「建前」である。しかし、これらはあくまでも「建前」でしかない。実際には、十分に果たされているとはいえず、一般の人が「建前」から抱くイメージと実態とが、あまりにも離れてしまっている。その点に、批判の矛先が向いているといえるだろう。

批判には、大きく分けて三種類がある。

一、「情報リテラシー」に関する問題

「しっかりと情報を伝える義務」が果たせていないという批判。

二、「偏向報道」に関する問題

「公正・公平・中立」が果たせていないという批判。

三、「商業主義」に関する問題

「社会的・公共的な役割」が果たせていないという批判。

「情報リテラシー」と「虚偽報道」

まず、「情報リテラシー」に関する問題である。つまり、「情報を自在に使いこなす力」のことであるが、「使いこなす」とは、いかようにも受けとれる言い回しである。

実際の作業上で、「情報」に対して、どのような形でアクセスし、またアウトプットしているのかということで、わかりやすくいえば、情報の扱い方に関する問題のことだ。

それは、「虚偽報道」「偏向報道」「印象操作」「報道しない自由」など、さまざまな形の問題となって表面化する。

戦後、日本における情報空間を報道メディアが担ってきたが、日本人特有の横並び意識として、その情報を「他の多くの人も知っている情報」として自動的に認識してしまうため、あまりにも無防備に受け入れてきたのである。これまでは、もちろんメディアの現場には「情報リテラシー」などという認識じたいがなかったし、もっとさかのぼれば、テレビ中継のようなものもなかった。そのため、あるていどの早い情報には、多少の間違いもあったが、そのことに目くじらを立てるようなことはなかったのである。しかし、今はそうではない。

そのことが、大きな問題として現われたのが、平成六年の「松本《まつもと》サリン事件」にともなう「虚偽報道」である。オウム真理教によるサリンの散布が事件の真相であったが、当初は、サリンのことさえわからなかった。その妻が被害者である一般の男性を事件の犯人と決めつけ、彼が犯人であることを前提とした報道を繰りかえしたのである。

恐ろしいのは、すべてのメディアの見方が平準化され、何の異論もなかったことであった。こうして彼は、しばらく「無実の犯人」に仕立て上げられ、警察により嫌疑なしとされたのちも、真相が明らかになるまで、社会的に抹殺されたのである。

そして、真相が明らかになり始めると、報道メディアはこの「虚偽報道」に関して責任を負うこともなく、まるで何ごともなかったかのように、今度はオウム真理教の犯罪報道に走った。

この場合の「情報」とは、報道メディアによる一方的な思いこみと恣意《しい》を含む情報であり、それは無実の人を社会的に抹殺する力を持つ最悪の道具となった。こういった可能性に対する慎重な見方、多面的な見方がまったく欠如していた。

「虚偽報道」といえば、健康情報に対する被害が浮かぶ。これは報道メディアによるものではなく、テレビ局のバラエティ番組で行なわれたケースがほとんどだが、重要な事例などで触れておきたい。

たとえば、「納豆ダイエット」が効果的であるかのような内容を報道した件である。これなどは、番組で使われたデータじたいが捏造されたものであったから、「虚偽」レベルの話ではない。また、「マイナスイオン効果」をうたったドライヤーなどの家電製品が一時期ブームを巻き起こしたが、これも実証データの存在が曖昧《あいまい》だったり、またはほとんどなかったりしたものである。

この問題が大きくなったのは、一部のテレビ報道に対するものであったが、「納豆ダイエット」「マイナスイオン効果」のいずれも新聞紙上で扱われていた。「納豆ダイエット」の場合は、「納豆」じたいに問題はない。ただ痩《や》せないというだけだ。しかし、「マイナスイオン効果」の場合は、その付加価値をつけた商品を家電メーカーが売り出していたのである。さらに、その宣伝コマーシャルがテレビ各局で流されていた。そして視聴者たちが、購買者になったのである。ここまで来ると、もはや単純な話題作りというものではなく、「詐欺」的行為である。

では、なぜこのようなことが起こるのか。

ひとつには、内容を「捏造」することによって、「報道の効果」があることが重要である。つまり、視聴率が取れるということだ。効果を見越して「虚偽」の内容を行なうのであるから、かなり悪質であるといってよい。

そして、もうひとつは、民放テレビ局、または公的な報道メディアであっても、その番組の編集制作者の周辺に、何らかの「経済的関係」が存在していることだ。たとえば広告スポンサーなどだが、こうした経済的関係が出発点となっていることが少なくない。

まさに、新聞やテレビ、雑誌といったものが、民間企業であり、営利を目的とする集団であるということが、いちばん根本の原因だろう。報道機関といえども、その中で働いている人たちは、経済活動をしているのである。そういった経済的問題が、情報リテラシーへの目を曇《くも》らせることが多い。いいかえれば、金に目がくらんで、本来の正しい情報を伝えるという役目を放棄したということだ。

「報道しない自由」

違ったタイプの事例を見よう。

平成十八年、日米自動車摩擦の影響で、日米両国において三菱自動車のリコール問題が発生すると、この件は、報道各社で大きく取り上げられた。自動車にとって、欠陥リコールは、致命的な問題となる。三菱自動車では、取締役などが逮捕（のちに不起訴）され、会社の信用は大きく毀損《きそん》し、また一時販売不振になり、経営が悪化したほどである。

不祥事というものは、どんな問題があったかとか、どんな罰則を受けたかとかよりも、どんな報道がされたかが、もっとも影響が大きい。

その後、トヨタ自動車にも同様のリコールが発生し、その情報を「隠蔽《いんぺい》」したために、幹部三人が書類送検されたのである。三菱自動車の件よりも悪質であるにもかかわらず、明らかに報道メディアでの扱いは小さかった。

これはその当時、トヨタ自動車が日本一巨額な広告料を払っていたからに他ならない。その広告費用を削られると、収益に響くし、また、多額の広告費用を払ってくれていたトヨタ自動車の売り上げが落ち、したがって広告に向けられる費用も下げられてしまうことを恐れ、メディアの側が報じることを自粛してしまったのである。

もっとも顕著なものは、メディア関係者による不祥事であろう。

「朝日新聞」のカメラマンが、珊瑚礁《さんごしょう》にイニシャルを自ら削り、写真に収めて報道したところ、のちに発覚したという例があった。これも「虚偽報道」である。ところが、一般的にメディアが自分たちの不祥事や問題について報道することはゼロに等しく、このときの「朝日」も、当初は一切報道を行なわなかったのである。

社会的な問題となり、他社が大きく報じるなか、ようやく「朝日」は謝罪報道を行なったが、その報道スペースは他社のものと比べても極端に小さかった。グループ会社である「テレビ朝日」もあまり大きく報じなかったために、メディアというものは、身内の不祥事または自社の事件や問題に関しては、「報道したがらない」ということを改めて世に示した悪い例として記憶に残るものとなった。

逆に、自社のライバルの不祥事に対しては、執拗《しつよう》な報道をする報道メディアもある。この「珊瑚礁イニシャル捏造」の件でも、ある新聞は、カラー写真で一面に大きく掲載し、社説でも不道徳ということを大きく報じるなど、このときの見苦しい報道合戦には、こちらがうんざりするほどであった。

トヨタ自動車や「珊瑚礁イニシャル捏造」の件は、まさに「報道しない」ことによる情報リテラシーの問題であるが、それでも、事件の扱いは小さいながら、報道じたいは行なわれたのである。

しかし、まったく「報道をしない」ということも少なくない。毎年沖縄の基地問題に関して、米軍基地反対のデモ、兵器や部隊配備の反対デモなどが大きく報道されている。一万人程度のデモであっても、一〇万人と報道されることも少なくない。

一方で、沖縄返還の日には、「日本復帰を祝う会合」などが行なわれているが、こういったものが報道されることは基本的にはない。参加者のブログなどから、その存在を知り、その中に掲載されている写真からその様子を推し量るばかりである。

同様のことが、フジテレビ前の韓流反対デモなどにもあった。そもそも韓国ドラマ反対のデモには数千人規模のものがあったが、これを報じたのは産経新聞だけであり、それ以外の新聞は「報道もしない」という状態だった。

つまり、報道メディアというものは、その編集権限において、情報を封鎖することができてしまうのである。これが、「報道しない自由」である。これにより、新聞やテレビの情報にしか接していない人に対しては、それ以外の情報を完全に「遮断《しゃだん》」する効果がある。

情報がなければ、その情報について考えることもできない。結果的に、情報の受け手が正常な判断をできないということが起こる。「しっかりと情報を伝える義務」が果たせていないことになる。

報道メディアといえども、経済行為をしている。その上で、メディアと取材対象との間には利害関係が存在している。なおかつメディアに関わってくる、すべての組織や人たちには、それぞれ思惑がある。作り手もまた、そういった「しがらみ」にとらわれてしまう。

こういった可能性があるということについて、受けとり手があらかじめ認識しておくべきであろう。だまされてからでは、もう遅いのである。そして、報道メディアの「嘘」に対しては、防衛するための工夫をするしかない。

たとえば、複数のメディアを利用することにより、ある程度まで克服することは可能である。テレビは一局だけでなく他局も見る、購読している新聞以外の新聞も読む、書籍や週刊誌も読む、インターネット上の情報も参照するなどによって、「報道しない自由」を用いた情報の遮断に対抗するしかない。

「偏向報道」や「印象操作」

報道メディアが「公正・公平・中立」であるということは、何も社会面や経済面のみだけでなく、政治に関するところにおいても同じではないか。

もちろん政治記者だからといって、プライベートであっても政治的な中立性を保たなければならないかといえば、そうではない。べつに新聞社に勤めていても、ひとりの国民であることは間違いないし、誰しも「政治・思想の自由」が認められているのである。しかし、彼らの職務上、それらの自由を制限されるというのは当たり前の話である。それが社会性というものである。

しかし、第一章でも触れたとおり、「偏向報道」はこれまでも平然となされてきた。ここ近年、報道メディアが「意思ある道具」として、どこかの政党を応援するというような話が出てくる。くだらない「印象操作」によって政治を動かすということを行なっているのだ。まさに民主主義を冒瀆《ぼうとく》し、衆愚《しゅうぐ》政治へと叩き落とす、「ワイドショー型政治」である。そして、そうしたものがすべて「批判精神」の名のもとに行なわれているのだから、かなりおかしな状況になっている。

昭和四十七年六月、佐藤栄作《さとうえいさく》は、総理大臣の退陣表明記者会見で、「僕は国民に直接話したい」という有名な言葉を残したが、この続きは、「新聞になると違うからね。偏向的な新聞は嫌いなんだ、大嫌いなんだ。帰ってください」だった。佐藤は、新聞が展開する

「偏向報道」に嫌気がさしていた。彼は新聞の記者たちを退場させると、テレビカメラに向かって話しはじめたのである。

なお、この時代は、まだ報道メディアがヘンな報道を行なったとしても、それに流される人は少なかった。ポピュリズムの波は、日本に来ていなかったのではないかと考えられる。それにしても、メディアによる苛烈な政権バッシングはあまりにもひどいものであった。佐藤に対しては、「老害問題」とか、「ノーベル平和賞をもらえるまで辞めない」など、政治内容とは無関係な中傷《ちゅうしょう》を行なった。

あたかも、新聞記者たち自身が「偏向報道」や「印象操作」をメディア特有の武器として考えていたように思われるほどである。そのような「印象操作」により、選挙で一喜一憂する姿は、政治の本質からはかけ離れたものだ。政治に関して関心のない有権者ほど、面白いようにだまされてきたのである。

このような「印象操作」は、政治家の実力や政策を有名無実化し、個人の印象やスキャンダルというものに特化し、その人格を傷つけるということに終始した。たとえ優秀な政治家であっても、為政者であっても、その内容が主権者である国民にまったく伝わらなかったり、間違って伝わったりしては、その行政内容が正当に評価されることはない。ロッキード事件の疑惑を受けた田中角栄に対するバッシングは、まだその内容が刑事犯罪を伝える報道の範囲内であれば問題は少なかった。やがて、「田中角栄＝金権政治」というレッテル貼りが行なわれ、それは現在もなお、「自民党＝公共工事」というレッテルにつながっている。これも報道メディアによる「印象操作」が作りあげたものであった。

女性関係で貶《おとし》められたのが、宇野宗佑《うのそうすけ》首相であった。神楽坂《かぐらざか》の芸者との情事を週刊誌に暴かれるや、まさに「女性の敵」であるかのごとき報道が広まった。宇野が首相を退任することになったとき、新聞は、「セックススキャンダルが日本の宇野を直撃」というワシントンポスト紙の記事を紹介する形で報じた。その上、神楽坂の料亭の写真などを重ね、「指三本で女性の敵が総理を辞めた」などの扇情的な見出しをつけたのである。

報道メディアがこのような「印象操作」を行なえるのは、まさに日本の政治システムが、多分に「民主的」であるということだろう。民主主義の基本が、国民主権とその国民による投票行動によって成り立っているということを考えれば、国民に直接アプローチするマスメディアやジャーナリズムは、大きな権力を持っている。不特定多数の集団（マス）

に対して、直接、何度も繰りかえし情報を流入し働きかけることで、主権者の意思も大きく動くことになるのである。

ついに、「偏向報道」や「情報操作」によって、報道メディアが直接的に政権を左右するという事態が起きるに至った。これが、第一章で紹介した「椿《つばき》事件」である。

そのときに取り上げた「批判精神こそジャーナリズム」という感覚が、「事実ならば、どんな報道をしてもよい」という発想へと結びつき、政権の混乱を招くのだが、このときも、「正しい情報を伝えない」「国益のための報道を行なわない」ということが、まかり通った。

私は、こういった状況を「マスコミ不況」と表現してきた。「建前の報道」と「妬《ねた》みの報道」が交互に繰りかえされる。本質的な事柄から遠ざけられ、些末《さまつ》な事象に耳目《じもく》を集めたところで話を進める。そんなものを毎日見ているうちに、国民もおかしくなって、だまされてゆくのである。これこそが、「偏向報道」と「印象操作」の実態である。

たとえば、「居酒屋タクシー」や「ノーパンしゃぶしゃぶによる官官接待」を大きく報道することによって、タクシーはいなくなり、夜の街もすべてが灯《ひ》の消えたような状態になってしまった。これなど「妬みの報道」といえよう。メディアと一緒になって国民が大騒ぎしているうちに、日本の不景気、政治的な不安定を演出している主役を演じている。

まさに「マスコミ不況」「マスコミ政局」によって、国民不在の混乱が続いている。

「偏向報道」を防ぐには

ひとつは、完全に「事実の報道」しか行なわないということ。もっとシンプルにいえば、政策面における報道以外は行なわないということではないのか。本来報道とはそうあるべきである。しかし日本人は、大局観や全体像よりは、局地戦が好きな民族であり、派手な局地戦に目を奪われていつの間にか大局観を見失ってしまう民族性を持っている。

日本人は、戦いの背景やその環境に関してあまり触れることなく、戦いそのものの動きやその結果だけに満足してしまう傾向があるようだ。

たとえば、関ヶ原《せきがはら》の戦いは、実質的に見れば、西の豊臣秀頼《とよとみひでより》と東の徳川家康《とくがわいえやす》による天下分け目の戦いであった。また、西軍はその総大将が大坂城から動かなかった毛利輝元《もうりてるもと》であり、石田三成《いしだみつなり》は、その代役にすぎない。実戦についてもいないのに、毛利輝元が領地を削られてしまうのは、彼が総大将だったからである。にもかかわらず、日本人は個々の「戦闘行為」を中心にものごとを考えてしまうので、関ヶ原といえば、「石田三成が徳川家康と戦った」という感覚でしかないのである。大きな戦略や国内の潮流ということをまったく見ないで、その場の動乱の部分しか見ない。動乱が起きる背景などはほとんど注目しないということになってしまう。

選挙報道に関しても、同じ理屈で動いている。選挙の結果を各局さまざまに報じたが、それは、どちらかというと、各テレビ局の「出口調査」の答え合わせのようなことになってしまっている。本来であれば、「誰が落ちた、誰が当選した」という話ではなく、その人が当選したことで、どうなるのか。当選した人の政治的主張から、どのような政策になるのか。その結果、将来の日本がどのように進むのか。そういったことが、もっとも重要なのであり、当落よりも重要なのはその全体像のはずである。

しかし日本人は、「関ヶ原の戦い」同様、戦いそのものが重要で、興味の対象は勝ち負けだけであり、なおかつ、その勝ち負けにおける敗者の弁を見て溜飲《りゅういん》を下げるという、およそ政治とは無関係な話に終始してしまうのである。報道も当然にその国民性を受けた内容となる。

政治家個人に着目するのではなく、政策やその内容によって報道を構成するべきだ。そういえば、テレビで活躍する政治評論家のほとんどは「政局評論家」である。彼らの口から、政策に関する評価や、その政策を進めた場合の将来予想などを聞いたことがない。テレビ局の人にこのことを指摘すると、「宇田川さん、視聴者はそんなものは望んでいないんですよ。政治家のスキャンダルで井戸端会議をする。それがもっとも面白いんですよ」といわれてしまった。テレビ局の構成上「面白い」ということで、政局とスキャンダルばかりの報道にしてしまうと、また政治は停滞してしまうということではないのか。それに、本当に「面白い」と思っているのだろうか。

もうひとつ、「偏向報道」を起こさせない方法がある。この方法のほうが、より現実的かもしれない。それは、「偏向報道を行なっている」ということを先に認め、宣言してしまうことである。

固有名詞を出して申し訳ないが、「しんぶん赤旗」という日本共産党の機関紙がある。この新聞がいくら共産党に寄った報道をしていても、誰も「赤旗が偏向報道をしている」

といったりしない。そんなことを口にすれば、いった本人がおかしくなったと思われる。「偏向報道」とは、表面上は「公正・公平・中立」を標榜しているにもかかわらず、実際の内容が「偏向」しているから、問題なのだ。最初から「偏向」している新聞だと周知されていれば、「偏向報道」とはならないだろう。

真面目だと聞いていた男が、酒を入れたとたんに怒り出したというのと同じである。「私は酒を飲んだら、怒ります」と、先に伝えておいてくれれば、誰も誘わない。同席したとしても、「こういう人なのだ」という心の準備もできるというものだ。

であるから、新聞も、テレビ局も、はじめから「自民党支持」「民主党支持」というように、支持政党や支持政策を打ち出したらよい。あるいは、「ちょっと右派」「親中派」というふうに、立場を明確にした上で報道すればどうだろうか。嫌なら、読まなければよいのである。欧米の新聞は、こういった点を旗幟《きし》鮮明にしている。だから、「新聞ではオピニオンを書いて、通信社ではニュースを記す」ということが可能なのである。日本の現状では、それをできない。

いずれにせよ、政策をしっかりと語れないメディアが、そもそも政治を語る資格があるのか。はなはだ疑問である。

「無責任な商業主義」

最後に「商業主義」の問題だが、この第四章であげたすべての問題点の元凶として、ここに行きつくといってよい。

「情報リテラシー」の問題から見えてくる「虚偽報道」は、報道機関が商業資本と結びついたことによって、「捏造」を行なっているということだ。根拠のない報道は、報道倫理にもとるものであるが、しかし、それが「商業主義」の限界というものではないのか。

「偏向報道」であるが、これも基本的には「商業主義」に由来している。一部の報道メディアは、何らかの事件が起こり、社会が不安定な状態であるときに、ネタが豊富に存在するることを知っている。そして、権威者や権力者を地に叩き落とし、トップにいる人が陥落《かんらく》する姿を見て喜ぶという、趣味のよくない性質を持ち合わせている。そのことが、まさに「偏向報道」となって現われるのだ。

安倍晋三《あべしんぞう》が自民党総裁選挙の当日にホテルで高級カツカレーを食べたということが、

「豪華すぎる」などと話題にされたが、実際に、それは政治とは何ら関係のないことだ。にもかかわらず、そのことを、「庶民感覚がないから、高級なカツカレーを日常食のように食べる」などと書く。ところが、同じ報道メディアが、民主党内閣のときは、当時の鳩《はと》山《やま》首相がホテルオークラの会員制のクラブで飲んでいても、菅《かん》首相が高級焼肉店から最高級の弁当の出前を毎日とって自分だけ食べていても、そのことにはまったく触れない。もちろん、いずれの件も報じるに値しない話ではある。

しかし、一部の記者たちは、「事件を作る」手法で安倍氏のことを書き、また、「報道しない自由」を使って鳩山・菅首相のことは書かなかった。これは、二重基準である。

そんな中、安倍首相は「ぶらさがり取材」をすべて拒否し、フェイスブックを中心にしたインターネットでの意向表明を行なうと宣言した。このやり方には賛否両論あるが、安倍首相とその周辺には、それなりの考え方があってのことであろう。

「ぶらさがり取材」は、首相などが廊下などを歩いて移動している途中に、ひと言もらうという取材手法である。もとは、アメリカの大リーグ・ベースボールのスターたちが、ロッカールームの手前で立ったまま取材を受けたことに由来するという。

しかし、この取材方法は問題が多く、これまでもさまざまな波紋を呼んできた。時間はたいへん短く、また多くの記者がさまざまなことをいうので、意向を正確に伝えることができない。新聞の本文中でも、カッコづけで首相などの本音と思われる文章が補われているが、こういったものは記者や編集者の推測である。まったく間違えて表現されていることもあるし、記事の展開にとって都合がいいように解釈されてしまうこともある。

もっといえば、「ぶらさがり取材」という不安定な状況の中で、あえて「発言ミス」を引き出そうとしているふしもある。考えが固まらないうちに、聞いてしまおうというわけだ。だから、「ええ」と応じたものを「相づち」と見るのか、「同意」と見るのかは、取材者の「自由」である。

結果として、「ぶらさがり取材」を受けた首相が誤解されるだけでなく、その記事の読者にとって、首相の本音や政策の正しい意図を包み隠されてしまい、新聞の意志を押しつけられることにもなりかねないのだ。

こういった問題に加え、安倍首相の場合は、「安倍バッシング」といわれるほど、報道メディアからの風当たりは強かった。カツカレーの件もそうであるし、前の任期を病気で放り出したとかいわれていたのである。そうした「妬みの報道」などによって、とくに政治以外の部分で「印象操作」をされる状況をいったん断ち切りたかったのにちがいない。これは、既存メディアに対する不信の表明であり、同時に大きな挑戦でもある。

ひとつには、「報道の無責任性」の問題がある。

「偏向報道」や「捏造」といった話は、まさに「無責任」でなければできない話である。このことは、政治家自身の取材に関してもっとも顕著に現われる。重大な政策決定や大きな政治的失態があったわけではなく、漢字が読めないとか、豪華な食事をしたとかいうことくらいで、人格否定を行なわれていては何もできない。

すると今度は、「そのようなことで政治が混乱するのは好ましくない」と解説してくれる人を連れてくる。政治家のちょっとしたクセや行為への否定が、適性の否定となり、政権の否定にまで高められる。政権交代を煽《あお》って、交代した新政権がまったくダメならば、そのような政権交代を煽ったことも、まったく意に介さず、あの政権は期待はずれだったということしかいわない。

報道メディアが政治不安の原因を作り、政権交代を煽り、その結果を否定し、今後も反省することなく、また同じ報道を漫然と行なっていく。この状態は、あまりにも奇異に感じるものではないのか。世間に蔓延《まんえん》している「政治不信」は、すべて報道メディア発のものであり、そして、「政治不信」という言葉じたいを生み出したのも報道メディアなのである。

あまりにも「無責任」に、政権や政治家たちをもてあそび、盛り上がりのある政局のシナリオを描こうとする。これこそが「商業主義」を貫徹しているということに他ならないのである。要するに、「捏造報道をしても、偏向報道を行なっても、スポンサー企業に見放されなければ大丈夫」ということであり、読者や視聴者はそのバロメーターにしかすぎず、決定的な問題ではないのである。

自分の国を貶《おとし》める報道

もうひとつには、「スポンサー属性による無国籍性」という問題がある。

これは、もし報道メディアのスポンサーが、すべて外国の企業であった場合はどのように考えればよいのであろうか。旅行番組や情報番組ならば、それでもかまわないのかもしれない。しかし、報道番組や日本の政治や経済に関する報道を流す番組に、海外のスポンサーの影響が出てくるのはいかがなものであろうか。

発言や構成のチェックが行なわれないのだろうか。実際に、外交や貿易に関することでは、利害が対立する場合も出てくるだろう。その場合に日本のメディアが日本の国益を損ねる情報を先に報道する可能性もありうる。まさに国益よりも「商業主義」が先であればそのようになってしまうのである。

これが、日中関係、日韓関係となれば、なおさらである。日中関係、日韓関係というと、おのずから領土問題と歴史認識問題になる。その中で、報道をもとにして大きな問題となった事件といえば、「南京大虐殺《なんきん》問題」であろう。本書ではあくまでも、日本の報道メディアと外国という点に限定して述べる。

一般的に南京大虐殺が知られるキッカケを作ったのは、「朝日」の記事だった。昭和四六年から連載された、本多勝一《ほんだかついち》の「中国の旅」である。これまでもいくつかの記事があったが、この連載記事によって大きな反響を得た。ときあたかも全国の公立学校では、「朝日新聞を読む」といった運動がなされており、これらの記事はすぐに日本国内において広まった。

その後、「南京大虐殺」を扱ったり、この名称を用いたりした記事や書籍が多く続いた。「南京大虐殺は存在しなかった」という論調も出てくる。

実際のところ、報道の当事者である「朝日」が根拠を示したものは非常に少ない。たとえば、昭和五十九年八月四日の同紙（大阪版夕刊・翌朝全国掲載）が、「南京大虐殺の証拠写真」として、わざわざ掲載したものがまったくのカン違いであることが判明した。蔣介石《しょうかいせき》の国民党軍が馬賊《ばぞく》の首を切り落とした写真だったのである。

これで「朝日」の記事そのものの信憑性《しんぴょうせい》が大きな問題になった。また、連載記事中で虐殺に関わったとされた歩兵第二十三連隊の戦友会「都城《みやこのじょう》二十三連隊会」が、「朝日」に抗議して訴訟になった。自分たちは日本の名誉をかけて戦ったのであり虐殺などはしていないというものである。この訴訟は最終的には和解によって終結するが、それでも現実に南京に派遣されていた歩兵たちが訴訟を行なったことで、はたして正しく取材がされているのかという疑念が生じた。

いや、ここまで来ると「偏向報道」というより、「妄想」に近いものではないか。状況証拠的にもおかしな部分は少なくないが、もうやめておく。

そもそも事件でありながら、被害者の数が一定していないし、中国が示した被害者数は、当時の南京に住んでいた住人の数を大きく上回る数字であると指摘されている。また、毛沢東《もうたくとう》も、蔣介石の国民党も、「朝日」がこの件を表に出すまで、一回も南京で虐殺があったなどということをいったことはなく、また一九七六（昭和五十一）年まで中国の教科書の中に南京大虐殺の記述はなかった。何より「朝日」は、これらの状況証拠的におかしな部分に関しても、黙ったままである。

これだけの論争になりながら、これがもとになって日本の外交に不利な立場を残しておきながら、「朝日」はいったい何がしたかったのか。今になって、疑念の声に答えず、修正も加えないのは、どういうことなのか。

「朝日」は、これが話題になって、読者が増えて、また中国からも支持されてよいかもしれない。もちろん、その内容が明らかに事実ならば問題はない。ただ、暴き立てだけしておきながら、反論もせず、証拠提出もせず、ただ情報だけを垂れ流しているのである。あまりにも「無責任」ではないか。

これこそが、「商業主義」なのかと思う。こういったメディアが、中国の資本が入った企業の広告を受けいれることに、問題性はないのだろうか。

平成二十四年、日中国交正常化四〇周年を祝う日本で活躍する北京大学出身者の会合で、やはり北京大学出身で中国の指導者のひとりである李克強《りこくきょう》氏からのメッセージを発表した。のちに、「朝日」と「NHK」が、このメッセージ原文コピーを求めて、発表者のところに来たのであるが、その中国人は断わった。

「朝日新聞とNHKは、いたずらに中国に偏重し、自分の国を貶《おとし》める報道しかせず、そのことによって、かえって日中両国は国交上たいへん難しい立場になってしまっている。外交でもっとも重要なのは、お互いがお互いの国家の責任ある対応と責任ある国益の主張をしていることであり、そのことを否定する日本の報道機関は、日中国交、日中友好関係の障害でしかない。このような重要な文章を、また日中友好関係を悪化させる道具として使われるのは、中華人民共和国政府としてもよくないことだと思っている。よって、この文章のコピーは、信用できる日本の愛国者のジャーナリストに渡したい」として、そのコピーを私に預けてくれたのである。

さて、「商業主義」というのは、このように「無国籍型の無責任報道」を引き起こしてしまうのである。そして、これには対処の方法がない。官営にしてしまえば、政府の御用報道になってしまうし、一方「商業主義」であれば、外国からの資本などによってコントロールされてしまう。唯一の制御方法は、携わる各人の意識の問題だ。そして、それは教育や社会の問題そのものといえるのかもしれない。

終章　報道は誰のものか

新聞学科で学ぶことに意味はあるか

前章までに、新聞など報道メディアの歴史、そしてその現状の問題点を、代表的な例をあげながら見てきた。私がいいたいことは、ほぼ尽くされたといってよい。

しかし、最後に大きな問題が残っている。

たしかに、以前と比べれば、新聞やテレビの報道に対する批判は増えた。確実に購読数や視聴者数も落ちてきている。それでも、今もって大多数の日本人が、毎朝新聞を読み、毎夕テレビのニュースを見ているし、報道メディアというものを希望的に見て、この世界で仕事をしたいと考える若い人が後を絶たない。

これは、いったいどういうことなのか。少なくとも、「新聞が嘘をつくはずがない」と思いながら、購読している人がまだ多くいるということだろう。そして、「新聞が嘘をつくはずがない」と考えていた大学生が、新聞社に入り、自らが「虚偽報道」や「偏向報道」をしているということである。テレビの報道もそうであるが、この無自覚は、危険なことでもある。私たち日本人は、いまだメディアとの距離感を測れずにいるようだ。

本書を執筆するに当たって、大学の新聞学科やジャーナリスト学科に通う学生数名に話を聞いた。大学で実際に何を学んでいるのかということが気になったのである。

学生によると、基本的にはジャーナリズム史やコミュニケーション論などを学んでいるという。個人的に、歴史を学ぶということは、現在の問題点を論じるためにあるのだと思っていた。ところが、大学のジャーナリズム史では、いかにして庶民が、さまざまな障害（封建的な勢力や軍事政権）を乗り越え、「言論の自由」を獲得し、それを発展させていったかというところが前向きに語られるらしい。要するに、大学のジャーナリズム史は、現状肯定から始まっているのである。

コミュニケーション論も、人間とはいかなる存在か、人間とは他人や社会をどのようにとらえるものか、といった本質を探り出す学問ではない。あくまでも、人間同士の関係、人間と組織や社会との関係などについて、無機質で抽象的なシステム論として整理するだけである。

記事を書くということは、「社会・文化・政治・経済など森羅万象の事項を一般国民にわかりやすく伝える」ことである。人間の本質をよく知らなくては書けないし、全ジャンルに及ぶ広範な知識がないと書けない。

ところが、大学で教えているのは、ジャーナリズム史やコミュニケーション論といった「虚学」である。そういった勉強が、報道の現場で役に立つことはほとんどないだろう。むしろ、取材対象との話題の作り方でも学んだほうが、まだ役に立つような気がする。そこまで実益的な内容は大学教育とは認められないというのであれば、せめて政策や予算書の読み方を習ったほうが、はるかに前に進むのではないか。

何より、大学卒業後は新聞記者になろうかといっている人に、「新聞記事の読み方」を教えないのだ。学生たちは、客観的に新聞を眺める機会を一度も持つことなく、新聞社に入って記事を書く。これでは、新聞の現状に対する自己批判的な眼は育たない。

私自身、報道人として大成された人間ではないので、立派なことをいうつもりはないが、ジャーナリズムというのは、一般論として、「表現の自由」に基づく、「報道の自由」や「知る権利」に支えられている。反面、報道は「客観報道の原則」を守らなければならないとされる。記者たちは誰しも、その板挟みの中で、バランスを取りながら記事を書かなくてはならない。

報道は、報道を受け取る側である大衆一般との信頼関係の上に成り立っている。このため、報道は事実に基づいたものである必要があり、事実を追求するための取材が不可欠である。憶測や推断に基づく記事は、信憑性を失わせる最大の原因となり、結果として報道を受け取る側との信頼関係を失うこととなる。この一点さえ守っていれば、「嘘の報道」はかなり避けられるのであるが、守られていない。

聞き上手の極意

メディアでは、よく「わかりやすく伝える」ことの重要性がいわれるが、そのために必要な能力とはなんであろう。基本的に必要な能力は、専門的な知識と、自分で苦労して得た理解とその過程であると思う。よく知らないこと、問題点がわからないことをわかりやすく伝えることなどできないからだ。

誰かからの受け売りで済ませたり、ある学者の論ひとつだけに頼ったりしてしまえば、それは、採用した意見に「偏向」した報道になってしまう。また、学者が間違えた論文を出していれば、それは「誤報」となってしまう。そのようにならないようにするために、できるだけ多くの意見を集め、さまざまな学説や話の成り立ちを考えられる能力が必要である。怪しい意見を見分ける能力である。

もちろん、すべての分野の知識を大学の間に学んでおく必要などはない。そのような余裕は大学生の間にはないし、知識を得たところでたちまち古くなる。しかし、社会に出てからも、いちから勉強するという素養だけは必要だ。勉強が嫌いな人では、報道メディアの世界ではやっていけない。報道メディアの場合は大学教授や研究者とは違うので、広く浅くという感覚が必要であり、その上で自分の専門分野となれば、専門家に負けないというくらいの知識を持っているというのが理想である。

私自身、理数系に関しては、まったくの「オンチ」であった。しかし、すべての記者がそうであったように、東日本大震災とそれにともなった福島第一原子力発電所の事故（水素爆発など）が起こって、その真相を求める状況におかれた。理数系が苦手だから、記事を書けないというわけにはいかない。普段は政治や法律ばかりで、文系科目の話しかできなかった私が、放射能とか原子力工学という話をしなければならなくなった。

まず、放射能とは何かをそれに関わっている人たちに聞くところから始まる。原子力発電所で働く人に話を聞きながら、一方で反原発デモに参加している人にも話を聞いた。何かの問題点を洗い出すときは、まず両極にいる人たちに話を聞くことが客観的報道の近道である。

するると、個人の感覚ではあるが、反原発を主張する人々は、いささかアレルギー的な感覚であり、学術的な裏付けを持たない人が多かったのを覚えている。

ある討論番組で、私の討論相手が、「放射能って結局なんだかわからないし、見えないから怖いでしょ。だからそういうものは日本からなくしたほうがよいんですよ」という発言をして、驚いたことがあった。それまで、さまざまな原子力発電の反対議論を行なっておきながら、その根拠が「わからないから怖い」では、納得のゆくものではない。少なくとも報道メディアに関わるものであれば、「わからないから怖い」ところから話を始めることはできない。

そこで改めて原子力の専門家に話を聞き回ることになった。何度も行くうちにさまざまな話を聞けるようになり、さまざまな貴重な資料をいただけるようになる。はじめはまったく歯が立たなかったこと、専門外のことが、こちらで対等に聞けるように勉強をしていけば、理解できるようになる。いつの間にか、新聞記者の間でも原子力に詳しいほうの部類に入っているということになる。最近では、ある政党から原子力発電の政策に関して、意見を求められる程度にまでなった。

取材を通じて得られる知識というのは幅広い。何しろ取材をするからというキッカケで、専門家の中でもトップクラスの人と話をすることができるのである。一度の取材ということだけで付き合ってしまえば、それまでの関係になってしまうが、その後もずっと関係を続けてゆけば、もっと深い話を聞く機会ができる。その機会を得ることこそ、「最大の財産」であり、それをもたらす「人脈」が、記者にとって最大の力となる。知り合いの数を誇る人は多いが、本当の人脈はそのようなものではない。

そういったことに必要な知識を新聞学科やジャーナリスト学科では学べていないだろう。実際に、新聞学科出身で活躍しているという記者をあまり見たことはない。理数系学部出身であってもがんばっている人、法学部政治学科出身であっても、政治以外の現場で活躍する人はいる。

私の知る政治担当の雑誌記者に、法学部政治学科卒、ジャーナリスト研究会出身という人がいた。話してみるとなるほど、ジャーナリズムやコミュニケーションの理論は非常にすばらしいものであった。ジャーナリズム史のあらましも頭の中に入っていた。しかし彼は、「聞き上手ではなかった」ために、政治報道の現場では活躍できなかった。知識や理論だけでは足りず、必要なのは、それを武器にして相手の話を聞き出す能力であった。

わからない話を知ったかぶりするのは、困りものである。取材を受ける側にとって、自分の話したことが違うように伝わることが、もっとも困るのである。それがどのような結果になろうと、自分の意思でないことを報道されることを好ましく思う人はいない。「聞き上手ではない」人による取材は、まさに、そのような恐ろしさがある。相手の意見を聞いているようで、実際は自分の意見を通している。当然政治家は、その言葉が命であり、そして、その言葉で政治生命がなくなることもあるのだ。

その雑誌記者は、政治家たちから嫌われて取材の場に来なくてよいということになってしまう。とくに永田町という場所は狭い世界でしかなく、悪いうわさなどはすぐに町内全域に広まる。とうとう初対面の政治家からも取材を断られるようになり、法学部政治学科卒、そしてジャーナリスト研究会出身の彼が、社会事件の記者に収まってしまった。最終的に、彼は出版社を辞め、ある政治家の秘書になり、地方議員に立候補するが、折からの悪評に勝てず、多くの政治家の支援を受けることができなかったために、落選。現在政党職員として過ごしている。

大学とは、理論を習うよりも、実際の現場で、何が「自分の売り」となり、何が「自分の持ち味」であり、そして相手の話を聞き出すにはどのようなことをすればよいかということを学ぶ場である。

もちろん、そういった技術は人それぞれ、個性に近いものである。極端な話、見た目の印象や声のトーンなどによって、個々のやり方は異なってくるから、個々に合わせて自分の持ち味を最大限発揮することが必要だ。本来であれば、具体的にどのようにすればそうなるのかを教えることが、あるべき大学の指導なのかもしれない。大教室の基礎教養課程では難しいが、少人数のゼミ課程でなら可能だろう。

新聞学科を名のる以上は、新聞など報道メディアに関わりたい学生が集まってくる。こういった人たちに、本を読めばわかるような学問だけを教えて社会に放り出すのは、無責任という他ない。彼らは、ジャーナリストになりたいのであって、ジャーナリズムを研究したいのではない。

さて、記者にとって必要な能力をまとめておこう。まず、取材相手から記事になる話を聞き出す能力、要するに「聞き上手」であること。もう一つは、それを「わかりやすく伝える」ということである。

うまく書けないのには、理由がある

「わかりやすく伝える」ためには、取材や「資料を集める」ことはもちろんだが、「書く（表現する）」技術が必要になってくる。

日本人には「書くのが苦手」と思っている人が少なくない。しかし、日本人ほどブログやツイッターなどを行なっている人が多い国もないだろう。日本はインターネット先進国というわけでもないのに、自分の表現をインターネット上のさまざまな形で実践しているのである。

とはいえ、それらの文章の大部分はほとんど読まれることもなく、放置されている。それでも、多くの人が「書く」ということを継続しているのであるが、問題は、ただ文章を書くという行為と「他人に読ませる文章を書く」ということが決定的に違うという、単純な事実である。

文章それじたいに優劣はない。もちろん、小説に見られるような文学的表現や比喩的表現は、報道文書には必要ない。事実を限られた文字数で端的に述べるということが必要なだけであり、それ以上の装飾は必要がないのである。しかし、日本人の文章の多くは自分の「感情」が表に出がちで、またそういったものを求められていると考えているふしがある。文章を書けないという人は、その感情を他人に読まれると恥ずかしいと思う感覚が強いのにちがいない。

また、感情表現に頼らず、作文できると自負している人も、案外理屈っぽい文章を書きがちである。共通していえるのは、端的な言葉、短い文章で表現するのが苦手だということだろう。短く簡潔に表現するのには、多少の訓練が必要だ。つまり、訓練しだいで、誰でも書けるようになる。

私たちのような記者にとっても、同様である。記事は、取材をもとにしてしか書くことができない。そしてさまざま調べていさえすれば、いくらでも膨らませることは可能であるし、短くしたければ、いわゆる「5W1H」（いつ、どこで、誰が、何を、なぜ、どのように）

のみを簡潔に述べればよい。文章が得意という人は、まず短く書く練習から始め、長く書けない人は、「５Ｗ１Ｈ」の骨組みを作ってから、さまざまな文章を付け加えて長くする方法を行なえばよい。

ただし、そこに「感情」を入れてはならないという点を堅く守らなければならない。感情的な表現が目立つ記事は、「素人の評論」である。それは単純に、「偏向報道」へとつながるおそれがあり、ひいては報道の信用を著しく損なう原因ともなりかねないからである。

突拍子《とっぴょうし》もない質問の効力

このように考えてくると、大学の新聞学部やジャーナリスト学科というようなところで学ばせるべきは、ケーススタディであり、実戦形式に類する学習を重視することではないか。もちろん他の勉強が不要といっているのではない。そうではなく、他の知識などをひけらかすことで、「聞き上手」として取材を行なうことができなければ、運よく新聞社に勤めても使えない人になってしまうのである。

たとえば、取材の現場では、どれくらい突拍子もない質問をすることができるかということで、私の体験談をお話ししたい。

福島第一原子力発電所の事故に関連する取材を進めていたときである。その中で、放射能の汚染水がどれほど海を汚しているかが話題になったのである。私は、ある水産大学の教授のところへ話をうかがいに行くこととなった。

そこで私は、こともあろうに、教授に向かって、「ゴジラはいつ出てくるのですか」と聞いたのである。

その教授も、さすがに驚いたようであった。「はあ？」というのが第一声である。

「いや、ゴジラってビキニ島の水爆実験の影響で、トカゲが突然変異になったものというのが映画の設定だったのですが、今回放射能による汚染が進んだ場合、映画の設定であればゴジラが出てくる可能性がゼロではないと思いまして」と続けた。

すると、たまたま、というか震災の後で大学は休校中であったことと、まだそのときは水産大学にまで放射能の影響を聴きに来る記者がいなかったことから、その教授は非常に丁寧に答えてくれたのである。

それは、「今から三～五世代後のトカゲの種がずっと変異を続け、なおかつすべてが凶暴化しそして巨大化するという前提であれば、そのときにトカゲがゴジラになることはあるが、残念ながら、日本の映画のゴジラになるようなことはなく、ハリウッド版のゴジラが出来上がると思う」とかなり大真面目なものであった。

残念ながら、このときの取材が記事にすることはなかったが、教授は一瞬面食らいながらも、しだいに打ち解け、「普段は政治の話ばかりで、放射能の話なんかしないのでしょうね。しかし、いきなりゴジラは、こちらも驚きますね」と笑って話された。

なお、この教授とは現在も付き合いがある。その後、海の放射能汚染問題について、さまざまなメディアから質問があったらしいが、どれも通りいっぺんのものだったそうだ。「宇田川さんほど、率直でわかりやすい、そしてこんな危機的状況の中で、危機感からは遠い質問はありませんでした」と褒めているのか、笑いものにしているのか。いずれにせよ、これくらい突拍子もない質問をしても、取材対象者との間に失礼がなく、関係を築ければ、しっかりと話を聞き、取材をすることが可能なのである。

もうひとつ、質問に関する話。

日本の料理文化の最高峰、四條司家《しじょうつかさけ》第四十一代当代による包丁式を見ることがあった。真菜箸《まなばし》と包丁で、手を使わずに鯉をさばき、長久の願いをこめてその形に鯉を並べる荘厳な儀式である。

一様に感動したあと、懇親会で、四十一代当代の四條隆彦氏に「ところで、この鯉はどうするのですか」と聞いてみた。そんな質問をするのは、やはり私ひとりである。

「どうするって?」

「いえ、せっかくさばいた魚を食べるのか、どうかを知りたかったのです」

四條氏は少し笑いながら、「そんな質問を受けたことはありませんでしたが、基本的には、神に奉《ささ》げるものですから、そのまま神に奉げていたんです。しかし、時代が下って儀式も儀式としてしかなくなってくると、そのまま捨てるのがもったいないという考えも出てくるでしょう。ただ、冷蔵庫などもないので、外に長時間おいてあった魚を食べるというのは、やはり避けていたようですね。吸い物などの出汁《だし》に使ったという例はあったようです。まあ、神に奉げることで終わっているので、あまりそんな質問はありませんですがね」と答えた。

四條氏は憤慨されたのではないかと思っていたが、かえって印象に残ったのか、現在まですでに一五年以上、彼とは親しく交流している。

ここで、「突拍子もない質問」というのは、視点を変えた質問であり、あまりにも直球すぎる質問のことである。取材対象者に対する私の立場は、「聞き手」であるから、たまに投げ出す突拍子もない質問が効力を発するのだろう。だらだらと繰りかえされる退屈な質問や、話しているうちに何を聞きたいのかわからなくなってくるような質問は、相手をうんざりさせてしまう。

「インターネット 対 新聞」という構図は、本当か

さて、これからのジャーナリズムを担う若い人たちに話しかけてみたが、実際にジャーナリズムの将来はどのようになるのであろうか。

避けて通ることができないのが、既存メディアとの関係であろう。この本でも、すでに各場面で、その関係について触れてきているが、改めて将来に向けてどのようにとらえることができるのか。

実際問題として、インターネット上の情報と既存の報道メディアとが、対立的な関係として描かれることが少なくない。既存メディア側には、必要以上にインターネットの情報への警戒感があり、インターネット側には、必要以上に既存メディアに対する敵対心が強いとされてきた。しかし、双方ともにそれぞれの長所があって、相互に組み合わせることで、もっとよい報道環境が生まれるはずだ。

そもそも、インターネット上の既存メディアに対するバッシングは、インターネット掲示板「2チャンネル」などを中心に行なわれた。しかし、その中で頻繁に使われている「マスゴミ」（ゴミのようなマスコミ）という表現の起源は意外と古く、すでに昭和四十一年の映画『野良犬』（黒澤映画ではない大映《だいえい》作品）の一場面において、主人公が怒って記者を追っ払うときに用いられている。当時は、芸能関係の記者を対象にしていたが、やがて政治・経済の報道にも用いられるようになったのである。

いつしか一般人が自由に主張できるインターネット空間で、この言葉が強い語調をもって扱われているのであろう。

しかし、インターネット上の記事で何らかの内容を記載したときに、その根拠を求められると、たとえば新聞などの記事などを引用するのは、既存メディアをバッシングしながらも既存メディアに依存していることの現われであろう。もし、自分の取材方式や考え方に、絶対的な自信と確証があるのであれば、既存メディアのことなどお構いなしに、独自の報道や情報提供を推し進めていけばよいだけなのだ。

強固な取材組織を持っていないインターネット至上主義者たちは、既存メディアのような取材の手続きを取らず、その内容の真相を知ることなしに、自分たちのイメージで語り、希望的な観測のみで、こういったバッシングを続けている部分があることも、否めない。

一方、既存メディアでも、何らかのアンケートやマーケティングをインターネット上で行なうことは、かなり通常的なものになってきている。テレビなどを見ていると「詳しくはＷＥＢで」というようなコメントを見ることが少なくない。

公共の電波を使うよりもはるかに気軽に、そして、はるかに情報量を充実させて物事を表現できるという意味において、「テレビコマーシャルや番組の視聴者の中から、とくに興味のある人だけを囲い込む」ための方法として、インターネットの活用が効率的にできているといえるだろう。

一方、記者クラブの解体を主張してきた一部のジャーナリストたちは、双方が協同するメリットには目もくれず、自分たちの正当性だけを繰りかえしている。既存メディアが、記者クラブ制度を通じて、政府機関への取材を優先的にできる上、広範に情報を販売できていることで、長年にわたって絶大な影響力を持っていることが不当だと訴え、その元凶として記者クラブを位置づけてきた。

彼らもまた、インターネット上の「ニコニコ動画」など動画配信を利用することで、独自の組合を作ってきたのだが、それもいつの間にか特権化してしまっている。せっかく「もうひとつの政治報道」を行なえているのだから、メディア間の新旧対決よりも、他に報道すべきものがあるはずだ。

それに、そもそもインターネットは、既存メディアの代替組織ではなく、もうひとつの立派なメディアである。既存メディアでは、それぞれのメディアとして、その歴史をともなって、存在が確立したものであって、インターネットを過剰に意識しなければならないものではない。その逆もまた、しかりである。

インターネットを使うことのできない老年層もテレビや新聞は楽しむわけであるし、逆に、インターネットでも既存メディアの情報力を頼らなければならない局面は少なくないのである。新聞も、テレビも、インターネットも、手段に他ならない。

実際に、新聞やテレビを「マスゴミ」などといって煽ってきた評論家が、自身の新聞取材やテレビ出演などをそのブログで告知・宣伝している例は多い。そう考えると、彼らの過激な既存メディア批判も、自分が大きく取り上げられないための恨みか、自分が注目されるための手段でしかないのか、それとも大手新聞社の新卒採用に応募して落ちたことに対する妬《ねた》みなのか。そんなことをいえば、私のように中途で、中小の新聞社に入って記者をやっている者は、劣等感にさいなまれなくてはならない理屈になるであろう。しかし私は、ただ毎日の報道を果たすことを大切に考えている。

残念なのは、こういった戯言《たわごと》に影響されてしまっている人が多いことである。これじたいが、「偏向報道」を生む土壌と同じであるのだ。そのとき起きている問題の真相はそっちのけで、表面化された信じたいことだけを信じるという、読者・視聴者側の心理の裏返しになっている。

日本の情報空間を客観的に考えてみた場合、既存メディアの場合は、情報の蓄積と情報を得るための組織力がある。これは否定しがたい強みであろう。日本には、警察など国家組織以外で、情報に関するこれ以上の組織は存在しない。

しかしこれも、長い歴史の中で、紆余《うよ》曲折《きよくせつ》を経ながら、今の形になったのである。だからこそ、その問題も明らかになっている。しかし、インターネットというメディアは、まだ歴史も浅く、その域に達していない。インターネットには、取材対象のその瞬間をありのままに伝えることに優位性がある。しかし、取材対象が話したことがそのまま真実であるとはいえないことは前述した。

インターネットには、既存のメディア以上に、「虚偽」や「偏向」の要素が散らばっているのである。インターネット上の報道メディアを担うジャーナリストたちは、むしろそういった問題を解決することに時間と情熱を注いだほうがよい。信頼というものが、メディアにとって何よりも大切なことだからである。

ウィキリークスの意味

ウィキリークスは、匿名によるインターネット上の情報開示サイトである。政府のような巨大組織や重要人物に関する機密情報を暴露している。とくに、二〇〇七年七月十二日に起こったイラク駐留アメリカ軍によるロイター記者などへの銃撃の映像は、全世界に衝撃を与えた。日本に関する重要機密情報も一〇〇件以上あるといわれているが、もっとも話題になったのは、「沖縄返還に関する密約」の暴露であろう。

高度なレベルの機密文書を公開するとなると、インターネット上でなければ意味はない。全世界に同時に発信して、すぐさま誰もが見られる状態にすることが重要である。既存メディアでは、発売や上映の禁止、検閲、回収などによって、目に触れなくなってしまう。国家レベルの頒布《はんぷ》では、その国家に弾圧されてしまったら、おしまいだからである。また、新聞やテレビのように、もとから経営母体があるところではできないし、また、最後までやりきることはできないのではないか。

しかし、ウィキリークスが暴露した事件を報道して広めるのは、既存メディアの仕事でしかない。もちろん直接インターネットに当たれば、誰でもタダで見ることができるのだが、文書は英語など日本語以外の言語で書かれている。また、当該国とは慣習や民度も異なるし、文書の分量は膨大《ぼうだい》である。とても個人で、理解しながら読み切れるものではない。

また、インターネット上の情報は、第三者が内容を見極めたものではない。当事者といわれる人が掲載した内容がすべてだ。実際にこうした情報には、ガセネタや嘘の情報、他人を扇動するような情報も少なくないのである。インターネットの情報は、まさに玉石《ぎょくせき》混淆《こんこう》であるといえよう。ウィキリークスが出たときも、その情報がはたして本物なのかどうかということが、もっとも大きな話題になった。

そこで、影響力のある既存メディアが取り上げることで、扱われた情報が「本物の機密文書」であるという確信を持てるようになる。膨大なページ数・件数の中から、重要なところを選び、わかりやすくして伝える。たとえば、アメリカ政府があわてた様子などをいっしょに報道することで、信憑性も帯びてくる。こうして、情報の価値がはじめて知らされる。

いいことずくめのように思われるが、こうした情報収集は、すべてが違法な手段で行なわれている。正義を貫き、真実を知るためには、それくらい問題ないという見方もあるが、そうともいい切れない。

おもな内容が、各国政府やその重要組織の機密情報ということであるから、それが明るみになることで、内外で混乱が起こったり、国交がおかしくなったり、国家の行動や軍隊の活動が制限されたりすることもある。その後の展開などによっては、情報公開者をもってして当惑するような事態も起こりうるのである。

歴史の中には、秘密にしておいたほうがよいということも少なくないし、知らなかったほうが幸せであったという事実は、いくらでも存在するのである。陰謀や腐敗、不正のたぐいは暴かれてしかるべきものだろう。しかし、国家間の密約や軍の装備や配置のような内容はどうなのか。何でも事実だからといって、明かせばよいものではない。

ウィキリークスの創始者は、どういった動機と目的があって、こういったことを始めようとしたのか。新聞の報道では、動機や目的があるから報じている。彼は結果として、国家など巨大な権力組織に対して批判をしているのだが、この「巨大な相手だから批判していい」という考え方が曲者《くせもの》である。

インターネットの世界観をひとことでいうなら、「自由」であるということだろう。掲載するのも自由。閲覧するのも自由。見ないのも自由。信じるのも自由。信じないのも自由。嘘をバラまくのも自由。情報操作して公開するのも自由。まったく手を加えないで公開するのも自由。個人情報をそのまま流すのも自由。

自由というのは、実に骨の折れるものである。この自由の中で、サイトの運営者が制限を設け、発表者が自主的に規制し、最終的に、情報を読む人が取捨選択する。インターネットというメディアでは、ただ目の前のものを信じればよいわけではない。

これが、既存メディアでは、第三者のフィルターを通して報道が行なわれる。インターネット至上主義者は、このフィルターこそが悪であるとみなしているのだが、すべてがそうではないことを歴史が証明している。間違いを犯したとしても、悪意から報道しているメディアはないであろう。たまに「虚偽報道」や「偏向報道」が起こっても、自浄する作用もある。しかし、インターネットにはそれがないのである。

「真実性の判断」

ここ日本では、かつてのベストセラー『日本人とユダヤ人』の中で喝破《かっぱ》されたように、「水と安全はタダ」だと思われている。

しかし、外国に行くとわかるが水は非常に高価なものであり、私が中国にいたころは、水がビールよりも高かったことがある。中国の水不足はかなり深刻である。

また、安全というのは非常にお金がかかるものである。他の国では、兵役の制度を設け、若い人たちが安全のために務めているところも少なくないのである。兵役制度がよいかどうかは別問題としても、自衛隊が戦闘行為を行なうことはない。日本の安全も、日米安全保障条約で守られていると思いこんでいる人がおり、その上で、日本が独自に自国を守ろうとしたり、アメリカが東アジアの防衛を強化しようとしたりすると、大規模な軍隊反対デモが発生してしまう。

そして、水と安全に加えて、もうひとつのタダ――それが、情報である。日本人の多くは、情報などというものは、誰かが勝手に運んできてくれるものとして考えているのである。この感覚こそが大きな問題だ。

しかも、「情報はタダ」と考えているくらいだから、提供された情報をそのまま鵜呑《うの》みにする。目の前の湧き水を何も考えずに飲むように、情報と接している。しかし、その水が汚染されていないとは限らない。

情報が形になって提供されるまでに、相当の経費がかかる。宣伝もあれば、向こうから売りこまれた情報もあるし、他人の誹謗中傷もあるのだ。

すべてのメディアにおいて、しっかりとした報道を行なわせるためには、そもそも読者や視聴者が、「よい情報を得るためにはタダではよくない」ということを認識し、そして「情報の質に対して、受け手本人がしっかりと見極める能力をつける」ということを肝に銘《めい》じるべきであろう。

日本では、報道の表現上の責任は、メディアが負う。報道メディアが、報道の主体であり、実際に表現者や取材対象者が責任を負わされることは少ない。メディアがすべてであって、報道するかどうかということも含めて、その編集権の中で表現しているのだ。

それで、報道にとって重要な「真実性の判断」をするのも、メディアである。決して読者や視聴者ではない。日本の報道メディアは、読者や視聴者のために、「公平・公正・中立」を保証して記事を出さなくてはならない。

ところが、欧米のニュース番組の政治報道などでは、たとえば、キャスターがあらかじめ自分の支持政党を表明し、その上で報道を行なう。核心に触れるたびに、「私は、共和党支持ですから、このように思います」というように、いちいち断りを入れなくてはならない。そして、キャスターが共和党支持者であれば、同じスタジオには必ず民主党支持のコメンテーターが座る。支持政党の異なる両者の討論が始まると、ニュース番組の活気づく場面となる。

新聞でも同じである。有識者や専門家たちが、やはり支持政党を公表した上で、その支持政党に関するコメントをその立場から発すると、それに対抗するコメントも掲載される。選択するのは、読者である。このときのメディアは、発言者と読者との間を結びつける、まさに媒介でしかない。

しかし日本では、とくに大きな利害関係の生じる報道内容や政治報道などにおいて、あくまでも「真実性の証明」と「公正・公平・中立」であることをメディアじたいが求められてしまう。そのために、かえって支持政党を明らかにするコメンテーターを起用することができない。政党の支持について語らない人も、おそらくは個人の支持政党を持っているだろう。ところが、それを覆い隠して、一般的な政治や政党の話をしなくてはならないから、奇妙なことになる。ここでは、読者の側に判断をする自由が与えられていない。

そして新聞紙面は、一部の社説などをのぞいて、不偏不党《ふへんふとう》で、「公正・公平・中立」な記事や意見で埋め尽くされる。いったん記事が、「公正でない」などの報道批判があった場合も、そのコメントを行なった人ではなく、掲載メディアがその釈明の責任を負うことになるだろう。そういった特異な状況となっている。

このことは、フジテレビに対する韓流反対デモなどで明らかになった。韓流ドラマばかり流し、韓国寄りの報道をしていることが、そのデモのおもな理由であったと報道されているが、ここでも細かい話には入らず、フジテレビの番組編成権が批判されているという報道になった。

一方で、韓流ブームを町おこしにして沸いていた地方の町などが対象にならなかった。これが東京都や大阪市であったら、どうなっていたか。

日本の「批判報道」の特殊性は、善悪よりもどちらかといえば、批判対象の大小が重視されるところにあると思う。既存メディアの編集権や番組編成権を非常に大きなものとしてみなしており、そういった巨大な権力には、多少行きすぎた批判をしても構わないとしているふしがある。

戦後の報道メディアが行なってきた「批判」のやり方が、今や国民レベルで発揮されているように感じられるほどである。

画一化と主体性

「日経新聞」が、飛躍的に購読者数を伸ばした。これは就職氷河期といわれるようになってから、大学生が就職には日経新聞を読まなければならないというような共通認識を持たされた点にある。と同時に、「日経の読み方」に関する本が出版され、よく売れたことも大きく影響したであろう。

ただ、経済情報紙に、専門的な読み方があることはすぐにわかるが、政治や社会の報道にも、読み方はあるのである。

新聞の見出しに、目を引くキーワードを用いたいのはいうまでもないが、断定するには気が引けるという場合がある。このとき、「年内にも分裂か」というように「～にも」や「～か」といった言葉を加えることで、わざと曖昧《あいまい》にして表現することがある。これを「文を曲げる」といっている。

また、新聞特有の表現方法も存在する。短い文字数で、さまざまな内容を伝えなければならないので、簡潔な表現をしなくてはならない。たとえば、「～的」「～性」という表現であるが、これは「的」「性」の上に置いた語とは、似て非なる性格を表わしたもので、「～のようなもの」と同じ意味である。「ヒット性」といえば、それはヒットではない。

ところが、簡潔すぎて意味がわからなくなることがある。「保守的革新性」という新聞記事によく見られる言葉は、何を意味しているのか。「保守」と「革新」は、まったくの反対語である。「もやもやした何か」ということになってしまうが、これが記事の中で表わされると、「もっともらしく」見えてしまう。これが、新聞の魔力である。

これからは、読者に新聞の内幕を知ってもらうことも大切であろう。記者の教育も必要だが、読者も教育されなくてはならない。むしろ、こういった情報の扱いに関する解説も何もしないで、よくこれだけ巨大な情報集団を作り、保っていたかと驚かされる。

日本の情報組織は、まさに情報コンツェルンのように、すべてが系統だって、グループ化している。新聞、テレビ、ラジオ、雑誌などが一個の系列をなしており、その系列内において、同じ情報を使いまわしているということが行なわれている。集団化することで、「マスコミ」という情報空間となり、情報を独占しているかのようにいう人がいる。

もちろん当たっている部分もあるし、それぞれ編集権が独立しているわけだから別物であるという見方もできる。しかし、その区切りも曖昧であることが問題性を強くしている。テレビの報道ニュース番組に、系列新聞社の論説委員がコメンテーターとしてレギュラー出演していることなどである。

欧米では、情報を独占することがもっとも大きな問題であるから、新聞社とテレビ局が資本関係をいっしょにしてはならないという法律をわざわざ定めるところもあるくらいである。それくらい、情報の集中を避け、分散化させることで、論評や報道の多様化を実現することを重視しているのである。つまり、読者や視聴者に選択させる自由を、国家や地域が保障しているのである。

自由な言論空間の中で、「主体性」のある受け手に対し、「主体性」のある報道――これが、彼らの考える報道の理想である。

ところが、日本の場合、その言論空間が数だけは多くありながら、「画一化」しているようにも見える。前述した「ネタ合わせ」や「過剰な報道規制」に至っては、国民の「知る権利」が侵害されているかのように見えてしまうのである。

新聞を含む報道メディアには、大きな問題ばかりが横たわっている。「商業主義」でありながらも、その営利がうまくいかなくなってきている。メディアの主体が、インターネットへと移行していくのは必然的な流れである。そして今度は、インターネット上の情報が、「商業主義」に縛られるのだ。

既存の報道マスコミも生き残るだろう。ただし、厳しい淘汰は行なわれる。そのときに、ここであげたような問題の解決をできるかを問われているのだが、「商業主義」にまみれた経営陣を尻目にして、現場の発信者たちが諸問題を自覚し、主体性のある報道をできるかにかかっている。そして、メディアを生かすも殺すも、最後は読者しだいなのである。

この本をそういった人たちに対する提言書として読んでいただければ幸いである。

切りとり線

★読者のみなさまにお願い

この本をお読みになって、どんな感想をお持ちでしょうか。祥伝社のホームページから書評をお送りいただけたら、ありがたく存じます。今後の企画の参考にさせていただきます。また、次ページの原稿用紙を切り取り、左記まで郵送していただいても結構です。

お寄せいただいた書評は、ご了解のうえ新聞・雑誌などを通じて紹介させていただくこともあります。採用の場合は、特製図書カードを差しあげます。

なお、ご記入いただいたお名前、ご住所、ご連絡先等は、書評紹介の事前了解、謝礼のお届け以外の目的で利用することはありません。また、それらの情報を6カ月を超えて保管することもありません。

〒101—8701（お手紙は郵便番号だけで届きます）
祥伝社新書編集部
電話03（3265）2310
祥伝社ホームページ　http://www.shodensha.co.jp/bookreview/

★本書の購買動機（新聞名か雑誌名、あるいは○をつけてください）

＿＿＿＿新聞の広告を見て	＿＿＿＿誌の広告を見て	＿＿＿＿新聞の書評を見て	＿＿＿＿誌の書評を見て	書店で見かけて	知人のすすめで

★１００字書評……日本人が知らない「新聞」の真実

名前

住所

年齢

職業

宇田川敬介　うだがわ・けいすけ

1969年、東京生まれ。国会新聞社編集次長。中央大学法学部卒業。卒業後、小売業大手マイカルに入社。法務部において、M&A、合弁契約や中国大連出店などのプロジェクトに携わる。2001年、マイカルを退職して、国会新聞社に入社。以後、国政の取材を精力的に行なっている。著書に、『2014年、中国は崩壊する』『民主党の闇』『今の論点ハンドブック―投票所へ行く直前に読む本』がある。

日本人《にほんじん》が知《し》らない「新聞《しんぶん》」の真実《しんじつ》

宇田川敬介《うだがわけいすけ》

2013年２月10日　初版第１刷発行

発行者……………竹内和芳
発行所……………祥伝社《しょうでんしゃ》
〒101-8701　東京都千代田区神田神保町3-3
電話　03(3265)2081(販売部)
電話　03(3265)2310(編集部)
電話　03(3265)3622(業務部)
ホームページ　http://www.shodensha.co.jp/

装丁者……………盛川和洋
印刷所……………萩原印刷
製本所……………ナショナル製本

Printed in Japan　ISBN978-4-396-11309-4　C0265